推开宏观之窗

〔第四版〕

韩秀云 著

中信出版集团｜北京

图书在版编目（CIP）数据

推开宏观之窗：第 4 版 / 韩秀云著 . -- 2 版 . --
北京 : 中信出版社, 2025.8. -- ISBN 978-7-5217
-7871-7

Ⅰ. F015

中国国家版本馆 CIP 数据核字第 20252T6G41 号

推开宏观之窗（第四版）
著者： 韩秀云
出版发行：中信出版集团股份有限公司
（北京市朝阳区东三环北路 27 号嘉铭中心　邮编　100020）
承印者： 三河市中晟雅豪印务有限公司

开本：880mm×1230mm 1/32　　印张：8.75　　字数：200 千字
版次：2025 年 8 月第 2 版　　　　　印次：2025 年 8 月第 1 次印刷
书号：ISBN 978–7–5217–7871–7
定价：69.00 元

版权所有·侵权必究
如有印刷、装订问题，本公司负责调换。
服务热线：400-600-8099
投稿邮箱：author@citicpub.com

目录

第四版序 / xi

第三版序 / xv

第二版序 / xix

第一版序 / xxiii

第 一 章　推开宏观之窗 / 001

身处现代社会，如果你不懂宏观经济知识，不会看汇率、利率、税率，不知道经济增长率，不了解物价指数的正与负，不知道通胀率的高与低，这些数据的变化你都不知道，你又怎么去投资，怎么去选择职业，怎么去办好你的企业、搞好你的城市乃至你的国家呢？你需要了解宏观经济知识，掌握一定的经济规律，从而在宏观经济大潮中把握机遇，减少风险。这里为你推开一扇窗，带你领略一个精彩而生动的宏观经济世界。

第二章　听宏观经济的故事 / 019

1776 年，经济学之父亚当·斯密在《国富论》中阐述了一只"看不见的手"（市场）的理论。他曾写道："国王陛下，请您不要干预经济，回家去吧！国家做什么呢？就做一个守夜人。"当西方国家经历了 20 世纪 30 年代的经济大萧条时，另一个经济学家凯恩斯说，经济这么萧条，股市这么低迷，失业这么严重，"看不见的手"不灵了。他提出了"看得见的手"理论，主张国家干预经济生活。1936 年，凯恩斯出版了《就业、利息和货币通论》，宏观经济学就从这里产生。

第三章　一国经济是怎样平衡的 / 033

你想了解一国经济究竟是怎样平衡的吗？你想知道政府每天都在忙些什么吗？你想明白总供给与总需求之间为什么需要平衡吗？经济中总供给大于总需求，就会出现通货紧缩；总需求大于总供给，就会出现通货膨胀。所以，当你看到价格指数向上升的时候，经济就逐渐热起来了；当你看到价格指数向下降时，经济就开始变冷了。那么，当通货紧缩来临时，你该做出何种选择呢？

第四章　GDP 就是国内生产总值 / 047

说到一国经济，自然要提到经济总量。那么，用什么来计量一国的经济总量？用什么来衡量国家之间贫富的差距？用什么来衡量各国人民生活水平的高低？用的都是 GDP。什么是GDP？GDP就是国内生产总值，它指的是一个国家或地区在一年内究竟新创造了多少物质财富。GDP是由总消费、总投资、净出口三部分组成的。这是政府拉动经济增长的三驾马车。GDP这个概念对理解宏观经济非常重要。

第五章　**市场失灵** / 057

现代市场经济的运行，离不开亚当·斯密"看不见的手"的经济理论，其核心就是让市场机制自发起作用。可是，当河流被污染、山林被砍伐、受教育者需要学校、出行者没有公路时，当偏远山区的人们生活困难、失业贫困的人揭不开锅时，市场是无法应对的。市场无法解决经济中负的外部性、公共物品缺失、收入分配不公平等问题。市场不是万能的，它也有解决不了的问题。你想知道究竟是什么原因造成了市场失灵吗？

第六章　**政府扮演的经济角色** / 071

由于市场失灵，它做不成的事就需要政府去做。那么，政府在经济生活中应该做些什么呢？第一，稳定经济。如果经济不稳定，社会就发展不好。第二，提供足够的公共服务。因为社会需要畅通的公路，需要干净的河流，需要新鲜的空气，需要良好的教育。第三，创造公平竞争的条件。政府要做公正的裁判，给所有人公平的机会。第四，进行收入再分配，让穷人有饭吃。这些都是政府应该做的，那什么是政府不该做的事情呢？

第 七 章　**财政，财政，有财方能行政** / 081

　　财政对一国政府非常重要。如果没有财政收入，政府根本不能生存；如果没有财政支出，政府根本不能运作。请问，谁来给公务员发工资？谁来为军队、公检法这些国家机构支付费用？谁来支援教育？谁来救济贫困人口？谁来投资建设公路和桥梁？这些都需要政府的财政支出。有了财政的收和支，政府才能行使自己的权力，才能对一国的宏观经济进行调控。你是否知道，财政收入的钱是从哪里来的，财政支出的钱又到哪里去了？

第 八 章　**财政赤字和国债** / 093

　　当政府的钱不够花的时候，支出大于收入的差额就叫财政赤字。弥补赤字有两种办法：透支和发行国债。如果透支太多，可能会引发通货膨胀；如果国债发行过多，又会引发债务危机。国际上规定了财政赤字有两条警戒线，超过警戒线，财政就会出问题。那么，透支与国债相比，哪种方式产生的后遗症要小一些？我国每年财政赤字是在国际警戒线内吗？多大的国债规模是我国经济可以承受的？

第 九 章　**银行是如何创造货币供给的** / 107

　　人们通常以为我们手中的钞票是印钞厂造出来的，却很少有人知道货币供给是银行通过信用活动创造的。为确保存款人提款的安全，现代银行体系都有法定准备金制度。那么,银行怎样创造出信用货币,从而使货币供给量不断被放大了呢?知道了银行创造货币的过程,知道了经济与银行之间的关系,你就会明白,如果人们都把存款提出来藏在自己床下,经济将会产生怎样的灾难。

第 十 章   信用是经济运行的基石 / 117

试想,如果有一天你去银行取钱,银行没有钱付给你了,会发生什么样的情况?银行可能因为对一个储户失去承兑的信用而引发信用危机;人们开始集体涌到银行去挤兑;一家银行因失去信誉而破产,会导致非常可怕的连锁反应。因为银行破产首先打掉的是人们对银行的信心,进而动摇人们对整个经济的信心,引发大面积恐慌。在现代社会中,信用就是市场经济的基石。失去信用的经济,将随时面临灭顶之灾。

第十一章   中央银行起什么作用 / 125

你是否想过,我们平时去存钱的商业银行接受那么多存款,也放出大量贷款,万一这些贷款收不回来,我们存在银行里的钱还能取出来吗?谁应该对此负责任呢?还有,如果我们手中的货币贬值了,我们该找谁补偿损失呢?万一商业银行出了问题,谁来救它们呢?这些都是中央银行的任务。在现代经济中,中央银行的作用极其重要,它是了解宏观经济的重要窗口。

第十二章　**央行治理经济的思路是什么** / 135

中央银行最重要的任务是保证一国货币的稳定。央行治理经济的思路是：当经济过热的时候出台新的货币政策，关紧资金流入市场的龙头；当经济过冷的时候打开龙头，让资金流入市场。随着我国市场经济的逐渐成熟，中央银行对宏观经济的调控作用也越来越重要。

第十三章　**货币政策的三大法宝** / 147

中央银行实施货币政策有三个工具：一是法定准备金率；二是贴现率；三是公开市场业务。央行就是运用这三个工具来调控宏观经济的。了解这些指标后，当你看到中央银行用了什么工具调节市场资金的供求时，你就会知道经济将要发生什么样的变化。经济究竟是冷还是热？是出现了通货膨胀还是通货紧缩？你应该采取什么样的应对措施？如果央行不断降息，这又告诉了你什么信息？

第十四章　**金融市场为我们提供了什么** / 159

你想知道金融市场为你提供了什么吗？金融市场为你提供了存钱、赚钱和借钱的渠道。你想了解什么是直接融资、什么是间接融资吗？把间接融资逐渐变为直接融资，这是我国金融体制改革的方向。你想让自己的资产保值增值吗？面对现代金融市场，你需要思考，什么是你最优的融资途径；如何利用金融市场及其衍生工具，让自己的储蓄、贷款、投资和理财的行为做到风险最小、收益最大。

第十五章　从宏观视角看股市 / 167

　　看一只股票的价格是高还是低，看股市的行情是升还是降，都要从宏观经济的视角来分析。股价究竟是由什么因素决定的？是企业效益、银行利率、政治因素等。股市是经济的晴雨表，经济好了股市才会好；经济不好股市好，那只是炒作。要学会搭宏观大势的顺风车；要知道胳膊拧不过大腿；要知道在股市里什么是长线投资，什么是短线投机。只有学会规避风险，才可能在股市里赚钱。

第十六章　股市泡沫是怎样产生的 / 181

　　很少有人会判断股市里是否出了泡沫。告诉你一个最简单的判断标准：当你发现股价指数只涨不跌，所有投资者都赚钱而且赚钱很容易的时候，就说明股市过热了，已经有不少泡沫了。这时你可要注意了，因为股市随时都可能出现狂跌，你需要的是战胜恐惧的勇气，切忌贪婪，千万不要接到股市泡沫的最后一棒，你要学会抽身而逃。那么，什么是股市泡沫？它是怎样产生的？股市泡沫究竟有什么危害？投资股市的你需要了解这些。

第十七章　金融风暴是如何形成的 / 195

　　由于全球经济一体化步伐的加快，各国经济关联的紧密，经济循环速度的加快，一个国家出现的金融危机很快就会波及另一个国家，形成一场大范围的金融风暴。这里告诉你金融风暴是怎样形成的，它为什么来得如此迅猛。作为一个普通投资者，作为一位企业家，作为一名政府官员，当看到股价、楼价、物价都在疯狂向上涨且长时间居高不下时，就应该知道金融风险离我们不远了，你要学会规避风险。

第十八章　汇率是宏观中的宏观 / 207

一国汇率是怎样决定的？它取决于一国的综合实力和经济增长速度。一国经济增长，汇率就会上升；经济衰落，汇率就会下降。例如，我国经济高速增长，带来人民币的升值，表现为汇率的上升和外汇储备的增加。汇率可以折射出一国宏观经济存在的所有问题。你想了解汇率吗？你想知道汇率是怎样发生变化的吗？你想弄明白人民币升值对个人、企业、政府会产生什么样的影响吗？

第十九章　宏观经济政策如何出台 / 221

政府调控经济的目标是使一国的总供给和总需求达到平衡。它运用三大政策来调控经济：财政政策、货币政策和对外经济政策。当经济太冷的时候，政府就"踩油门"，刺激消费、加大投资、增加出口，让经济回升；当经济太热的时候，政府就"踩刹车"，限制消费、减少投资，把过热的经济压下来。一旦你了解了政府调控经济的方式，学会了判断经济周期波动的趋势，分析了政府出台的宏观政策，你就会对自己的消费和投资做出合理的选择。

第二十章　懂宏观，多机遇，少风险 / 237

学了宏观经济知识后，要懂得经济是有周期波动的，什么东西热过了都会回头，大家都去追求一种东西时，其价格肯定上涨。如果有迹象表明经济要从高峰跌下来，你是否该有所行动？怎样做到让你的资产保值和增值？学习宏观经济知识，最重要的是训练一种感觉、一种思维、一种分析能力。当你看到一个指标、一组数据发生变化时，你要想到它们之间的联系，它们告诉了你什么？它们给了你什么启示？你如果能懂点儿宏观知识，就可以抓住机遇，规避风险。

第一版后记 / 245

第四版序

当我再次翻开《推开宏观之窗》时，时间已过去了22年。此书竟有如此的生命力。就像我的学生曾经说过：老师，这本书你用30年写成，它就有30年的生命力。当时我仅一笑而过，没想到这句话应验了。2025年我第四次修订它，根据最新的经济形势，删除了部分章节。

本书第一版写于2003年，当时正值我国非典疫情，经济很冷；2007年我国股市火，楼市火，物价高，通胀压力大，黄金涨、石油涨、人民币升值，之后是政府宏观调控的来临。2008年美国爆发金融危机，我国经济从高峰跌入低谷。政府救市财政发力，投入4万亿元人民币，银行贷款9.5万亿元，把经济拉了起来。2010年金价涨、油价涨、原材料猛涨，经济过热了。2011年，央行关紧货币龙头，提高存款准备金率和加息，把过热的经济压了下去。之后几年我国经济一直平稳发展。2018年美国打贸易战,给我国出口企业加征25%关税。紧接着2020年新冠疫情暴发,我国经济又冷了下来,从通货膨胀走向通货紧缩。2025年美国引爆贸易战2.0,给我国出口企业加征高额关税。

应该说,从2003年到2025年,这本书见证了中国经济一路走来,每一步都惊心动魄,每一年都不容易。眼下美国打贸易战,不让中国快速崛起,不让中国在经济、科技、军事、文化等方面超越美国,但中国崛起是大势所趋,谁都阻挡不了。

如果说20年前你不懂经济学,生存是没有问题的,但今天你若不懂经济学将寸步难行。经济问题每天都扑面而来,无法躲避,如影随形。基于这一点,我认为非常有必要对本书做第四次修订,再次给你推开宏观之窗,现在读这本书的意义更大。

当重新翻看此书时我惊奇地发现,书中内容一点都不过时,90%以上的内容都是读者需要且有用的。这说明,经济学基本原理不会变,变的只是经济形势。但历史总有惊人的相似性。书中写到的经济过热和经济过冷,和眼下的经济状况何其相似。它让我们温故而知新。

怎么读这本书?建议你先快速浏览目录,每一章内容都有约200字的高度概括,你能从中了解本书的核心内容。按章节顺序，我给大家讲了学宏观经济知识的重要性，经济中有两只手，一国经济是怎样平衡的，什么是GDP，市场为何会失灵，政府扮演的经济角色；讲了财政收入与支出，财政赤字和国债；又讲了银行如何创造货币供给，中央银行起什么作用，货币政策的三大法宝，金融市场和股市融资渠道，股市泡沫和金融风暴如何形成，汇率的重要性，宏观政策如何出台；最后讲了懂宏观，多机遇，少风险。这是本书的基本内容，对你而言都是必要的。本书给你打开了宏观视野，并给了你致富的工具。

让我们回望来时路，在经济总量上，我国2003年GDP是13.94万亿元，2024年是134.91万亿元，增长了近8.7倍；在人均GDP上，2003年是1.08万元，2024年是9.57万元，增长了近7.9倍。2003年时，我们生活还很落后。现在我们有了智能手机、平板电脑、网约车、移动支付、5G网络。中国在经济上、科技上、军事上、文化上都大有赶超美国之势。我们的人工智能、芯片、人形机器人、航空航天、北斗导航、航母建设等都走在了时代前列。本书修订于我国作为强国崛起时，何其幸运！2025年必将被载入史册，东升西降已经开始，国运真的来了。

读者朋友，不管形势如何，科技如何进步，未来怎么变化，万变不离其宗，核心竞争力一定是人本身。改变自己，适应变化，多读一些书，多长一点儿见识，就会多一条出路。

愿我的这本书在给予你知识的同时,也能带给你人生更多的思考,以及对未来的希望。我愿与你共勉!

韩秀云

2025年6月1日于北京清华大学

第三版序

《推开宏观之窗》是一本普及宏观经济知识的书，它写于2003年中国经济大起之时。经过5年的发展，中国经济突飞猛进。于是我在2008年对本书第二版做了修订。该书印刷了十几万册，至今销量仍在不断攀升，可见国人对经济知识的渴求。时间又过去了3年，国内外的经济形势都发生了巨大变化。为此，我对该书做了第三次修订，希望读者能看到最新的内容，接受最新的知识。本书力图写得浅显一些，希望更多的人能读懂它。

2008年，美国爆发了席卷世界的金融海啸。它给我们的启示是，这个世界的金融系统一旦发生问题，立刻就会波及全球经济，世界各国都难以幸免。美国经济虽然出现了复苏的迹象，但美元还在贬值。

2009年，各国政府用印钞和发债的方式来救市，都想让本国经济走出这场危机。但随之而来的却是货币的流动性泛滥、通货膨胀的高企,以及人们手中财富的缩水。

2010年,欧债危机爆发了。欧洲一些国家政府借的债太多了,财政赤字巨大,政府没钱还债了,它们要求压缩公务员的工资和福利待遇,由此引发了大规模的罢工和示威游行。欧洲在动荡,欧元面临危机。

2011年,非洲国家发生了大规模反政府示威游行,物价飞涨,民不聊生。首先埃及政府被推翻,接下来利比亚的卡扎菲政府到处轰炸平民百姓而遭到盟军的炮轰。非洲多国处在一片动乱之中。

同年3月11日,日本发生了大地震和特大海啸,福岛核电站出现了核泄漏,日本面临着巨大的灾难和危机。日本经济将出现新的衰退。

在2008年美国金融海啸爆发后,中国政府全力以赴救市,2008年财政投入4万亿元人民币,银行贷款9.5万亿元人民币,把我国经济拉了起来,2009年我国GDP增长速度达到8.7%。到了2010年,金价涨、油价涨、原材料价格猛涨、国外输入型通货膨胀和国内经济过热的通货膨胀困扰着每一个人。政府该如何调控?我国的物价指数能降下来吗?如果CPI继续攀升,人们手中的钱该怎么办?房价会掉下来吗?如果房价真的掉头向下,我国经济会二次探底吗?政府在短期内可以控制房价,但它能够改变房价的长期走势吗？

在通货膨胀严重的情况下，老百姓可以多买一些黄金放着吗？人们都知道黄金价格在涨，但有谁知道黄金价格什么时候会跌？

大家都知道，人民币在升值，但它会升到什么程度，人民币升值的空间究竟有多大？政府该怎么出招，企业该如何应对，国民又将如何面对？

2011年以来，我国的货币政策开始从紧，中央银行关紧了龙头，多次提高了存款准备金率，未来还会不断加息。企业从哪里找到钱？我国的钢铁、煤炭、电力等行业将面临什么样的风险？未来宏观政策将如何变化，我国的经济走势将如何？我们究竟该怎么办？员工工资在涨，借钱资金成本在上升，人民币在不断升值，都涨了，企业该怎么生存下去？

如果楼市调控了，投资实业没钱可赚，那么大量的资金会流到哪里？还有，预期人民币升值，国际热钱纷纷流进中国，准备抄底中国，大量热钱又会流到哪里？试问，这两年中国的股市会有行情吗？如果有，我们该如何面对？

这些问题都需要读者懂一点儿宏观经济知识，你要学会看物价指数、通胀率、利率、税率、汇率，知道政府宏观调控如何出招，知道经济周期是向上还是向下，面对通货膨胀你该做出怎样的选择。

本书就是要告诉你，面对复杂多变的国内外经济形势，你需要能够看得懂，还需要做出合理的选择。

中国经济在飞速发展，已经超越日本，仅次于美国。未来，中国将超越美国，成为世界第一的国家。到那时，我国的国民素质需要提高，国人需要有经济头脑，要和崛起的大国相匹配。不懂宏观经济知识，你怎么理财，怎样抓住机会，怎样能在经济增长的大潮中让自己的财富保值增值，怎样搭上中国经济增长这辆快车？希望你能阅读这本书，推开一扇宏观经济之窗，推开一扇财富增长之窗。

韩秀云

2011 年 3 月 31 日于北京清华大学

第二版序

2008年《推开宏观之窗》出第二版，出版社要我写第二版序，对读者有交代。本书自2003年问世以来，印刷了9次，销售达6万册之多，并获得2004年第十四届中国图书奖，这些都出乎我的意料。

记得刚开始写这本书时，许多人说宏观经济深不可测，那不是老百姓能明白的高深学问，都劝我改个书名，否则卖不出去。但我认为，老百姓应该懂点儿宏观经济，应该有人写一点儿让老百姓读得懂的经济学著作！于是，这本书就以这样的书名问世了。

2003年初，我已预感到中国经济增长大潮在涌动，全民理财时代即将开始，于是写了一篇《中国经济出现自身性增长》的文章，刊登在《经济日报》的头版上。紧接着发生了影响全国的"非典"，很多人都认为那年的经济肯定会掉头向下，甚至还有人讽刺说："喂，你判断的经济增长没来，'非典'来了！"令所有人没想到的是，中国经济就是从那一年起飞的。2004年4月8日，我在《中国财富》杂志上发表了《中国经济处于大爆发的前夜》一文，指出爆发是由股份制改造等一系列重大经济决策推动的。从2003年起，中国经济连续4年保持了10%以上的高速增长。

时间进入2007年，中国经济形势发生了巨变，股市火了，楼市火了，物价涨了，经济增长速度加快了。中国的股市从2005年的998点到2007年最高时6 000多点，一口气涨了5倍。本书第一版首印8 000册，最早担心卖不出去，没想到问世一个月就被抢光了，4年多来印数增长了6倍多。只能说它搭上了中国经济增长的快车。

本书第一版写于2003年，当时中国经济还处在过冷的时段。几年过去了，中国经济发生了很大变化，许多经济数据都发生了变化，政府宏观调控政策也发生了变化。我感到有责任重新修订这本书，让这些变化在第二版中得到体现。

比如，这轮经济增长从低到高，这个过程是怎样发生的？经济从冷到热，政府宏观调控手段都有哪些变化？第二版在第五章增加了经济增长与和谐发展的内容，在第十章增加了社会保障与"三农"问题的内容，还对书中所有的数据进行了更新，并提出了一些观点供读者参考。

比如，对中国的股市如何看？美国华尔街资本市场经历了200多年的风风雨雨，今天依然屹立不倒，为美国经济做出了巨大贡献，这是资本市场的发展史。中国作为一个崛起中的大国，必然要有一个庞大的资本市场相配合——这是大趋势。如果说中国经济还有20年的增长，中国股市就没有不跟着涨的道理——这更是一个必然。但暴涨意味着暴跌，矫枉过正，价格围绕价值波动几乎是股市永恒不变的定律。投资者对股市应该始终以理性的心态去对待。

对中国的楼市怎么看？我国的房价这几年快速飙升，当物价指数上涨幅度超过银行存款利率时，买房可以对冲通货膨胀的风险，而随着人民币的不断升值，人民币资产的升值也是必然的。然而，一旦进入加息周期，情形就会发生相反的变化。楼市的短期波动和中期调整不可避免。

对人民币升值如何看？随着中国经济长期的高速增长，人民币升值是必然，只是升值速度的快与慢、升值时间的长与短而已，我们需要做好充分的思想准备。

中国经济增长走势如何？总体趋势向上并不等于短期没有震荡、中期没有调整，因为经济本来就是周期波动的。股市这么热，楼市这么火，物价这么高，通胀压力这么大，黄金涨、石油涨、欧元升值、人民币升值，这一切都说明了什么？这些高涨过后等待我们的又是什么？当政府宏观调控来临时，当经济冬天来临时,我们做好过冬的准备了吗,哪怕只是抵御一次寒潮?

如果问,我们给后代留点儿什么?当今世界各国都在争夺稀缺的不可再生资源。人类对石油的争夺越来越激烈,还有对淡水的渴望、对粮食的需求、对能源的需求等,争夺这些都是为了本国经济快速发展。但如果为了经济高速增长而破坏了环境,没了蓝天、没了淡水、没了干净的空气,地球上堆满了垃圾,那么我们追求的经济高增长还有什么用?如果每个人都为地球献出一颗爱心,都为环境保护贡献一份力量,都为穷人想一想,为我们的子孙后代想一想,为我们的国家、民族、社会、人类、地球多想一想,那么人类的未来该多么美好!

改革开放30年,中国发生了翻天覆地的变化。生逢盛世是幸运的,然而我们又肩负使命。中国必将成为一个崛起的大国,让我们都能分享到中国经济社会和谐发展的成果。

我祝愿,我祈祷!

韩秀云

2008年1月于北京清华大学

第一版序

在中国普及宏观经济知识，是我多年的梦想。写一本上至企业家、政府官员，下至职业经理人和黎民百姓都能看懂的宏观经济普及读物，是我多年的心愿。

1984年末，我从南开大学踏入清华大学经济管理学院，开始了教书生涯。当女儿还躺在我的怀里吃奶时，我就站到了讲台上，给研究生讲授"资本论"这门学位课。没有想到，那么高深难懂的理论学生竟然听懂了，而且产生了兴趣，由此我获得了清华大学1987年的优秀教学奖。从那一刻起，我放弃了儿时的种种梦想，一心想做一名出色的大学老师。

1991年，我幸运地获得了德国基金会的奖学金，途经莫斯科到达德国科隆大学，做了访问学者。在那里待得越久，学得越多，越感到自己知识的不足。于是1993年我决定进修，开始在德国慕尼黑国防大学攻读经济管理博士学位。在学习过程中，德国有序的社会管理和发达的市场经济，以及这一切折射出的经济学在经济实践中的成熟应用，给我留下了深刻印象。从那时起，我就萌生了在中国普及宏观经济教育的梦想。

1995年回到清华大学经济管理学院，我为MBA（工商管理硕士）学生讲授"宏观经济分析"学位课程。他们是一个奋发向上的群体，为了教好这门课，我一直在思考，怎样才能让枯燥的宏观经济学变得不再"沉闷"。既让学生们学到知识，又能引起他们浓厚的兴趣，还能让这门知识对他们真正有用。我给自己出了一个难题，为此，我付出了多年的努力。

在黑板教学的年代，我一遍遍地写讲义。每讲一次课，都要重新修改，补充新思想和新资料。看到MBA学生们忙着记笔记，自己又总是在黑板上浪费时间，于是，我决心为他们写一本《宏观经济分析》教材，这个愿望于1998年得以实现。

虽然有了教材，我每天依然备课不止，我不敢掉以轻心，近乎诚惶诚恐。每次上课前的最后一分钟，我都在想：怎样讲好？如何做到和学生们互动，让他们的大脑在兴奋的状态中学到真正有用的知识，同时还能把知识变成一种能力？我每天都在做着这样的努力，以至有人问我："讲了这么多年，难道还背不下来吗，怎么还在天天备课？"

是的，没人能够理解，但我深知其中的艰难。我常想，老师是用自己的思想乳汁在哺育学生，一定要把最新的知识讲给学生听。

计算机多媒体的应用给我的教学插上了翅膀，让我多年追求的启发式与互动式的教学又上了一个台阶。看到学生们对学习宏观经济理论的兴趣、激情与热爱时，我开始感到自己对宏观经济教学的努力没有白费。

这几年，我给许多企业家和政府官员做过培训，教过的学员不下万人。这些教学实践使我越发感到，缺乏宏观经济常识已经成为现阶段个人、企业乃至国家寻求财富保值增值的知识瓶颈。通俗实用的宏观经济知识是上至企业家、政府官员，下至黎民百姓都需要的。但是，宏观经济理论博大精深，抽象难懂，怎样让它从高深的殿堂上走下来，进入寻常百姓家，这是我思考了许久的问题。我多次尝试写一本通俗的宏观经济普及读物，都没有成功，因为找不到一种合适的表达方式。

幸运的是，2003年初，中国教育电视山东台[①]《名家论坛》栏目邀请我拍摄了24集电视节目《宏观经济》，给我提供了一个契机，让我有机会把自己在大学课堂上封闭了许久的宏观经济教学内容完整地搬上荧屏。更没想到的是，电视演播既体现了经济学作为一门课程的逻辑与严谨，又保留了口头表述的亲和力与生动性。我和我的助手为此兴奋不已，我们夜以继日地

---

① 2005年更名为山东教育电视台。

进一步完善书稿，才有了这本《推开宏观之窗》。

电视节目连续播出 96 天，受到了观众的好评。很多人在网上发来邮件告诉我，没有一点儿经济学基础知识的他们竟然对宏观经济产生了兴趣。一位退休老中医到清华大学买这套《宏观经济》光盘时说："我听懂了你讲的宏观经济，非常感兴趣。"她问道："像我这样的年龄是否还能学好宏观经济？"

是的，中国每天都在进步，人们需要不断学习和充电。宏观经济知识是一个国家想富强的人们必须具备的知识。基于这种信念，我在宏观经济教学方面一直很努力；基于这种理念，我写了这本《推开宏观之窗》。作为一本宏观经济学的普及读物，我想让更多人了解宏观经济知识的重要性，让更多人受到宏观经济知识的教育与熏陶，这是我写本书的目的。

本书用最浅显的语言和最生动的故事，给大家讲解了宏观经济的基础知识，不仅让你了解到有关 GDP、财政、失业、通货膨胀、利率、汇率、金融风险和经济周期的基本知识，还能让你学会如何将宏观经济的思维巧妙地应用到你的投资理财和消费决策中。

本书一定会引起你的兴趣，只要耐心读下来，你一定能感受到宏观经济知识的魅力。如果你善于思考，这种知识就会变成一种宏观思维能力，让你的知识结构中多了宏观经济这非常重要的一部分。

美国著名经济学家曼昆这样描述："在我当学生的20年中，最令我兴奋的是听经济学原理这门课。可以毫不夸张地说，这门课改变了我的一生。"

我虽不期盼本书能够改变你的一生，但我希望它能为你点亮一盏灯，为你推开一扇窗，引起你对宏观经济知识的兴趣，让你在轻松的氛围中踏入宏观经济知识的殿堂。因为这里有你需要的知识，有你认识世界的钥匙，有分析宏观问题的方法，有打开你宏观视野的窗口，还有你致富的工具。

我深知，在中国普及宏观经济知识，我一个人的力量是渺小的，但这毕竟是我的心与梦。然而，我深信，随着中国经济的进步，以及人们对宏观经济知识需求的增加，普及宏观经济知识将不再是一个遥远的梦。

韩秀云
2003年5月于北京清华大学

第一章

推开宏观之窗

身处现代社会，如果你不懂得宏观经济知识，不会看汇率，不懂得利率，不知道税率，不知道经济增长率，不了解物价指数的正与负，不知道通胀率的高与低，不清楚这些数据是如何变化的，你又怎么去投资，怎么去选择职业，怎么能办好你的企业、搞好你的城市乃至你的国家呢？当你试图去了解宏观经济，试图掌握一定的经济规律，从而在宏观经济大潮中把握机遇时，一直深藏在高等学府里的宏观经济学，却成为很多求知者无形的障碍。

这一章就是想告诉大家，宏观经济其实就在你身边，宏观经济学如此生动，如此贴近你的生活。它为你推开一扇窗，让你领略一个精彩而生动的宏观经济世界。

身处现代社会，如果不懂宏观经济知识，不会看汇率，不明白利率，不知道税率，不知道经济增长率，不了解物价指数，不知道失业率，对这些数据如何变化都不清楚，你怎么安身立命？又怎么去投资，怎么去选择职业，怎么去办好你的企业、搞好你的城市乃至你的国家呢？当你试图去了解宏观经济，试图掌握一定的经济规律，从而在经济大潮中把握机遇时，一直深藏在高等学府里的宏观经济学，却可能成为无数求知者面前无形的障碍。

　　本书就是想告诉大家，宏观经济其实就在你身边，宏观经济学是如此生动，它比你所能想象的要更加贴近你的生活。

　　提起宏观经济，也许你会想："宏观经济离我太远了，那都是国家大事，是政府的事，和我有什么关系？"不，其实宏观经济就在你身边，我们每天都生活在宏观经济中。

每天都有大量的经济信息扑面而来,你是否想到,它们对你、你的家庭、你的企业、政府还有国家会产生哪些影响?你需要了解宏观经济,需要知道这些经济信息背后的含义,以及它们对你的深刻影响。

比如,银行存款利率的变动,是与我们每个人都密切相关的一个宏观经济问题。20世纪90年代末,大家都争着去银行存钱,那时银行的存款利率却很低。人们的想法其实很简单:"要是不存钱,家里很多事情都解决不了。比如,孩子要上学,自己要上医疗保险,万一失业全家生活怎么过?家里还有老人需要赡养、上医院看病等。"需要花钱的地方实在太多了,只能把手里的钱攥得更紧。因为大家对未来的预期不好,所以都要存钱。

但是到了21世纪初,或者说从2003年开始,人们纷纷把钱从银行中取出来,投入楼市、股市,投入实业,都想搭上中国经济高速发展的快车赚点儿钱。为什么过去无论政府如何刺激消费、投资,人们硬是一毛不拔,而现在怎么拦都拦不住?楼价、股价、物价都在涨,可人们还是一窝蜂地去消费、投资、理财。

究竟是什么让百姓做出这样的选择呢?

当经济冷的时候,人们都不花钱,很多人曾这样说:我们投资实业,生产出来的东西卖不出去;投资股市,股价这么低迷；去做汇市，又没有经验，我们只能把钱攥在手里。

现在完全不同了，投资实业物价涨，投资股市股价涨，投资楼市房价涨，把钱投到哪里都赚钱。

为什么会这样呢？因为经济热了，物价指数上去了，利率也开始提高了。即便如此，大家还是愿意消费、愿意买房、愿意投资，那是因为有利可图。

曾几何时，企业的日子不好过，银行的日子不好过，老百姓的日子也不好过。当时的物价指数很低，说明企业的日子不好过，生产出来的东西卖不出去。利率如此低，说明银行的日子不好过。企业效益不好，百姓的收入不高，哪有钱消费？所以，当利率向下的时候，物价指数向下的时候，经济已经变冷了。

那么，经济变冷的时候，政府该怎么办？政府有三招儿，它告诉人们，你们去消费吧，银行给你们贷款，你们可以去买房，可以去买车，孩子上大学你们也可以到银行来贷款，你们还可以贷款去投资企业等。所有消费，银行都愿意贷款给你们，你们花钱吧！因为只有人们花钱，企业生产出来的东西才能被卖出去，企业收回钱来才能继续生产，这是政府使出的第一招儿，它在刺激消费。

政府使的第二招儿就是加大投资力度。中央政府在20世纪90年代末投资西部十大工程，修了三峡工程，建了京九铁路，

第一章　推开宏观之窗

还有许多高速公路，政府做了很多基础设施方面的投资。政府这样做是在告诉人们：你们来投资吧！这些都是有钱可赚的。大家都来投资吧！只有加大投资，我国经济才能持续高速增长。政府拉动经济的这一招儿，是在刺激投资。

政府使的第三招儿就是扩大出口。政府告诉企业家：你们出口吧，出口可以退税，很合算。它鼓励企业出口。当我们的企业把产品推向国外市场的时候，人家买了我们的产品，钱就会流回国内，把我国经济这块蛋糕做得更大，我国的经济增长加快了，我们每个人的收益就会增加。

所以，我们看到，在经济冷的时候，政府刺激经济有三个办法：一是鼓励消费，二是扩大投资，三是增加出口。所以，我们常听说政府拉动经济增长有三大法宝：消费、投资、出口。这说的就是政府刺激经济的三个基本手段。

在这三招儿的刺激下，经过几年的努力，我国经济终于被拉动起来。从 2003 年开始，已经保持了连续几年 10% 以上的增长速度。大家买房、买车、投资、炒股，可以说中国的宏观经济如此红火，让外国人都眼红，中国经济驶入高速发展的快车道，想慢都慢不下来。经济洪流滚滚向前，这是 2006 年出现的盛况，想挡都挡不住。

面对这样的现状，政府又该如何做呢？它同样还有三招儿：减少投资、提高利率、降低出口退税。尽管如此，中国经济依然红火得很。

有人不明白就问了：为什么过去怎么让老百姓花钱，钱就是待在银行里不出去？现在政府再怎么提高利率，老百姓照样买楼炒股投资？

我们说，这就是宏观经济，宏观经济就是这样，它既不以某个人的意志为转移，也不以某届政府的意志为转移，更不以某个领导人的意志为转移，因为它是客观存在的。我们说，政府在经济冷的时候要拉动经济增长，这要看全国人民是否愿意跟上，企业是否愿意去投资，我们个人是否愿意去消费，我们企业的产品能不能打入国际市场。现在政府想让经济增长慢一点儿：房价别涨太高了，股价别升太过了，物价别涨太快了。这些能以政府的意志为转移吗？政府的政策意图一定要让老百姓能够接受，如果大家都不想去做，政府也无能为力。认识到这一点非常重要，那就是宏观经济不以个人的意志为转移。

很多时候我们看政府在调控宏观经济，觉得政府的力量很强大。但是我们回过头去，看到政府的日子并不好过。换位思考一下，如果我们自己是政府，是不是也很为难？政府现在有很多困难，它难在钱虽然不少但就是不够花。为什么政府的钱不够花呢？因为它的支出大于收入。政府的支出为什么这么大呢？因为政府要养活好几千万的公务员，政府需要养军队、养公检法，政府需要扶助贫困地区，政府需要解决失业问题、农民问题，政府需要解决环境污染问题，政府需要解决的问题可太多了。

政府需要花钱，可它的钱从哪里来呢？政府的钱主要从税收中来。政府支出多、收入少，就会出现财政赤字。政府要让经济维持下去，怎么办？那就要发行国债。

什么是国债？国债跟税收不一样，它是政府向大家借钱，是大家用还没有消费的钱来买。可是你知道吗？政府借债也是要还本付息的。国债到期的时候，政府不但要把本钱还给你，还要加上相应的利息。国债是政府的一个负担，它要用将来的税款来偿还。因此我们说，国债的规模必须有一定的限度，超过了这个限度就会出问题。

比如，1998年俄罗斯就出现了非常严重的债券市场危机。政府发了很多国债，答应支付很高的利息，到最后兑现不了，还不上了。不仅本国的老百姓，还有很多外国银行都买了俄罗斯的国债。结果，国家被推到破产的边缘。

再比如，1997年亚洲金融危机首先从泰国开始，紧接着菲律宾、马来西亚、印度尼西亚、韩国等国家和地区都被卷了进去。很多国家在此之前借了大量外债，最后债务链条断掉，本国货币大幅贬值。2002年阿根廷金融危机，政府也是还不上外债了。当货币贬值的时候，谁最倒霉？谁来承受通货膨胀的后果？当然是这个国家的人民。阿根廷金融危机发生不到半年，阿根廷比索就贬值70%，人民承担了货币贬值带来的全部损失。在2008年美国爆发金融海啸后，2010年欧盟一些国家发生了欧债危机，有些国家债台高筑，引发罢工和社会剧烈动荡。

当我们知道了政府的难处，又看到一系列周边国家因债务危机导致国家经济崩溃的惨状时，我们需要思考：为什么我们手中的人民币不但没有贬值，反而表现出升值的趋势呢？我国政府为弥补财政赤字也发了不少国债，为什么我国没有出现上述国家那样的问题呢？因为我国政府没有采取向银行透支的方式弥补财政赤字，而是采取了发国债的方式，找大家借钱花。这是政府对国民负责任的表现。等我国企业的经济效益好了，我国经济增长速度高了，大家缴的税多了，国库里有钱了，再把发行国债借的钱还给大家。而且，我国政府发行的国债大部分是内债，就是让国民买的债务，只有少部分是外债。所以，我们有抵御外债风险的能力。政府发国债的目的是什么呢？就是拉动经济增长。

政府调控经济还有一个重要手段，就是货币政策。你知道谁在管着我们手中的货币足值与否？我们手中的钱今天为什么比昨天值钱了？谁在控制货币供给的龙头？是中央银行。

当觉得经济太冷的时候，中央银行会把水放出来，这水就是钱，也叫银根。中央银行打开货币供给的龙头，钱就会哗哗地流出来。这时，它就在告诉大家："借钱消费吧，贷款利率变低了；借钱投资吧，资金成本已经变低了。"中央银行放钱出来，就是要把经济托起来。

同样，当感觉经济太热的时候，它就会关紧龙头，把货币抽走。

你是否还记得1993年时的情景？那时我国经济太热了，开发区热、股票热、集资热、房地产热等，经济热到没法再热的地步。1994年的通胀率高达21.7%，等于我们手中的钱贬值了20%以上。例如，钢材的价格从每吨1 000元人民币涨到了4 000元。所有商品的价格都在飞涨，大家感觉今天不去买东西，明天手里的钱就会贬值，所以拼命地抢购商品。在这种情况下，政府怎么办？经济如果一直热下去，就会出大问题。于是政府动用了财政手段和货币手段，压缩基本建设规模，不允许再上新项目，压缩楼堂馆所的建设；中央银行提高利率，让大家存钱；抽紧银根，减少贷款；压缩投资，采取一系列措施减少资金供应，关紧龙头，把钱抽走。过热的经济势头降了下来。

可是从1997年到2002年，我国经济又出现过冷现象，于是中央银行打开龙头放水，就是降低利率，让大家借钱。2003年，我国经济开始进入高速增长周期，煤炭价格在涨，钢铁价格在涨，石油价格在涨，物价指数也在涨。当年，中国首次超越美国成为全球最大的外国直接投资接受国，规模达到535亿美元。2006年，这一数据达到700亿美元，国家外汇储备也超过1万亿美元，国内生产总值超过20万亿元人民币，居民储蓄超过18万亿元人民币。股票指数以上海为例，仅用一年多时间就从998点下方上升到2007年10月6 000多点的水平，部分城市房屋价格上涨幅度竟然超过50%，经济越来越热，中央银行不得不再次关紧龙头，经济明显进入了加息周期。不仅加息，中央银行还宣布从2007年11月起上调存款准备金率0.5个百分点，达到13.5%。但是我们的经济过热依然控制不住，到2011年2月，我国法定存款准备金率已达到19.5%的历史高位。宏观经济形势在不断变化，国家调控的措施和力度也跟着变化。

也许你会问："让我国的经济快速增长不好吗？让这架飞机一直在天上飞着不好吗？政府为什么要让它减速降下来呢？"

如果把一国经济比喻成一架飞机，它是不可以一直在天上飞着的，因为它需要加油、需要维修。如果让它一直飞着不着陆，当它出现问题停不下来时，它就会坠毁。这时毁灭的不仅是飞机，还有里面的所有乘客。一国经济同样如此，当经济太热时，当物价飞涨时，经济就要减速了，否则整个经济就会粉身碎骨。

所以，当经济太热的时候，政府就会采取措施压缩消费、压缩投资，把过热的势头压下来。

我们看到，政府调控宏观经济的一个基本手段是财政政策，另一个基本手段就是货币政策。

实际上，政府还有一个手段，是对外经济政策。比如，政府过去用"出口退税"的政策鼓励出口。当今世界，没有一个国家可以关起门来不和其他国家发生经济上的往来，它或多或少都会有一些出口和进口，这就涉及国家与国家之间的贸易往来，也就产生了国际收支的问题。

大家都知道，中国现在是国际贸易顺差，而美国则是巨额国际贸易逆差。所谓贸易顺差，是指一国的出口大于进口，贸易逆差是指进口大于出口。我们经常从新闻上听到或从电视上看到，美国与中国在打贸易战，美国与其他国家之间也有贸易摩擦。其中一个重要的原因是，发展中国家的大量廉价商品进入了美国市场。美国使用各种办法阻挠中国对美国的大量出口，为的是保护本国企业的利益。

那么，一个国家的对外贸易究竟是顺差好还是逆差好？很多人都认为对外贸易一定是顺差好。这里我们要特别强调一点，从经济学角度看，任何一件事情的结果都没有绝对的好或绝对的坏，有的只是一种选择。但任何选择都是有代价的，只能是在什么条件下和什么阶段上选择什么，才对本国经济更加有利。

例如，1993年我国经济出现低失业率和高通胀率并存的现象，到2002年演变成低通胀率和高失业率并存。经济学理论认为，失业率和通胀率之间是此消彼长的关系。那么，我们究竟愿意承受高通胀率，还是愿意承受高失业率呢？我国政府面临两难的选择，就要看在什么条件下选择什么对本国经济最有利，而且所付出的代价能够为现时社会所承受，或者将来再予以补偿。

现在分析一下，为什么美国这样的全球第一超级大国也会出现贸易逆差，而我国这样的发展中国家却出现了贸易顺差？让我们看看当今的美国，它的超市、它的所有商场出售的商品多数是从国外进口的，包括中国生产的商品，我国很多的轻工产品如手织袋、服装、玩具、电器等都进入了美国市场，日本的很多商品也进入美国市场，如汽车等。美国人身上穿的、手上戴的、家里用的多数都是进口货。为什么会这样呢？因为美国人均收入高，它能消费得起国外的商品，所以大量商品进入了美国。而美国自己生产出来的产品太贵了，卖不出去。它只能生产一些高科技产品以及政府补贴的农产品打向世界。像那些轻工家用产品，它竞争不过发展中国家。因此，美国进口的商品多，出口的商品少，在国际贸易上表现为逆差，在国际收支上也是逆差。

那我国为什么是贸易顺差呢？你看，我们手上戴的、身上穿的、家里用的大都是国货。在我们的超市里，绝大多数商品是国产的，只有极少数是进口的。中国在人均收入相对较低的时候，还消费不起那么多外国商品，所以我们表现为贸易顺差。当然，中国当时的国情条件是顺差好。由于贸易顺差，2024年我国外汇储备已达3.2万亿美元的规模，稳居世界第一，标志着我们的国力在增强。

那么，美国的贸易逆差是不是就很坏呢？不完全是。当美国采取强势美元政策时，国际资金会不断流入美国来支撑其经济，美国表现为贸易逆差是合适的，因为这意味着美国人在廉价享受全世界人民的劳动成果，他们花很少的美元，就可以换到别国的很多商品。但是，当美元处于弱势、美元不断贬值时，贸易逆差就是大问题了。

所以经济就是一种选择，不同的国情所选择的经济政策和道路也是不同的。

以上所说的这些，只涉及宏观经济中的一些基本问题。其实宏观经济的内容非常丰富，提出上述问题，是为了启发读者的思路，学会怎样去思考宏观经济问题。

宏观经济像什么？我们说，宏观经济就像天气，它不以你的意志为转移。天冷时出门你怎么办？你唯一能做的是多穿些衣服。天热了你怎么办？只能少穿衣服。

正如天气不以人的意志为转移一样，宏观经济也是客观存在的。有人说，你看我多有本事，买了股票股价涨，买了房子房价涨，买了煤矿煤价涨，买了金矿黄金涨。这到底是因为你个人的本事大，还是社会环境变了，让你赚到钱了呢？是宏观经济左右了你，还是你左右了宏观经济？

无论你是一国政要，还是中央银行官员，不管你是谁，都不可能左右宏观经济的大势，你唯一能做的就是顺势而为，我们每个人都如此。

要学会判断。当一则经济信息出现的时候，你一定要想到：它向我传递了什么？宏观经济信息之间都是相互联系的，比如税率问题、利率问题、汇率问题、经济增长问题、通货膨胀问题、失业问题，这些经济指标之间都有联系。当你看到政府在加大财政投入、银行降低利率向外贷款的时候，你就应该知道，这时候宏观经济已经很冷了，政府是在刺激经济。相反，当你看到中央银行把货币的龙头拧紧、把钱抽走的时候，你就该知道经济太热了，这时你就什么都不要去做了，因为这时股市、汇市、楼市等都可能热过头了。你如果去买股票，可能被套牢在最高点；你如果投资房地产，很可能会吞下最后的泡沫。

你如果想了解经济形势，就要学会看宏观经济指标。当你看到通胀率如此之高，物价指数如此之高，利率如此之高，股价如此之高，房地产等一系列行业都太热时，你就该及时收手。作为企业家，这时你就不该再做大的投资了；作为个人，你就该想，我的钱应该放在哪里才能保值；作为政府官员，你要知道该做什么和不该做什么。因为这时的经济发展太快太热了，你自己就该悄悄刹车了。

我们把一国的宏观经济比作行驶中的汽车,当经济太热的时候,政府要"踩刹车",把速度减下来,但要慢慢地踩,猛踩会翻车。当经济太冷的时候,政府要"踩油门",不断地给油,往流通领域里投钱,出台政策,让大家去花钱、去消费,把经济拉起来。

既然宏观经济是客观存在、不以你的意志为转移的,那么你唯一能做的就是顺应大势。比如投资实业、投资股市、投资楼市,行情如何你决定不了,你只能做出判断和选择,是进还是退。这些都不以你的意志为转移,你唯一能改变的是你自己。在宏观经济大潮中顺势而为,把握自己,把握你的企业,把握你的城市,把握你的国家。

我们说,如果从个体来看,中国本身就构成一个宏观系统。但是从世界范围来看,它又是世界宏观系统内的一个中观系统。所以,我们每个人都作为国家中的一个微观个体存在着,你要了解国家宏观经济发生了什么变化。我们已经进入 21 世纪的第三个十年,中国人的理财时代已经来临。如果你没有宏观经济知识,你怎么能过得上你所向往的生活,怎么去投资,怎么去理财,怎么去选股票,怎么去买基金,怎么去买房置业,怎么去选择职业?又怎么能办好你的企业、搞好你的城市乃至我们的国家呢?

宏观经济知识对我们太重要了，宏观经济指标之间都有联系，它们就像一副多米诺骨牌。当你看见第一张牌倒下的时候，你应该马上意识到，你身旁的那张牌也会倒下，这时你该抽身而逃，否则你将身陷其中、不可自拔。如果机会来临，你该马上抓住，绝不能错过。同时，你还要看到宏观经济的复杂性。比如，有的人担心我国的股票市场不行了，想退出股市；有的人却认为股市还会继续向上，大牛市才刚刚开始。这就是宏观经济，外面的人要打进去，里面的人要冲出来。对每个人来说，最重要的是要了解宏观经济背后的规律是什么，宏观经济现象之间的联系是什么。在一轮经济高增长之后，等待着我们的又是什么。

这里为你推开了一扇窗，一扇宏观经济之窗。告诉你窗外风景独好，但也需要你自己去体验。至于能看到什么景色，是冬天的白雪，还是春天的百花，是夏天的绿叶，还是秋天的硕果，完全取决于每个人的领悟能力和努力。总之，希望本书能让你对宏观经济产生兴趣，做到懂一点儿宏观，多一点儿机遇，少一点儿风险。

第二章

听宏观经济的故事

1776年，经济学之父亚当·斯密在《国富论》中阐述了那只"看不见的手"（市场）的理论，主张国家不要干预经济。他曾写道："国王陛下，请您不要干预国家经济，回家去吧！国家做什么呢？就做一个守夜人，当夜幕降临的时候就去敲钟；夜深了，看看有没有偷盗行为，这就是国家的任务。"

但是，当西方国家经历了20世纪30年代的经济大萧条时，另一个经济学家凯恩斯说，那只"看不见的手"解决不了经济危机问题。经济这么萧条，股市这么低迷，失业这么严重，你们都没办法了，我有办法。我的办法叫"看得见的手"，就是让国家干预经济生活。1936年，凯恩斯出版了《就业、利息和货币通论》，宏观经济学就从这里产生。

在上一章，我们提出了很多需要认真思考的宏观经济问题。尽管你一定很想知道答案，但是，在你真正进入宏观经济领域之前，我先讲一个故事。相信它会带你走进宏观经济理论的殿堂，让你对宏观经济产生更多的好奇和兴趣。

人类早在两千多年前就有了哲学和社会科学，但经济学的历史却很短，它是两百多年前才产生的一门学科。

18世纪，英国出了一位大经济学家，名叫亚当·斯密。2007年3月13日，作为"现代经济学之父"，他的肖像还上了20英镑面值的钞票。亚当·斯密在1776年出版了一本书，名字叫《国民财富的性质和原因的研究》，也就是著名的《国富论》。

当斯密写完这本书的时候，他曾写道："国王陛下，请您不要干预国家经济，回家去吧！国家做什么呢？就做一个守夜人，当夜幕降临的时候就去敲钟；夜深了，看看有没有偷盗行为，这就是国家的任务。只要国家不干预经济，经济自然就会发展起来。"

斯密在书中提出这样一个理论，叫作"看不见的手"。他说经济中有一只"看不见的手"，人们在做事的时候，没有一个人想到是为了促进社会利益，他首先想到的是怎么实现自己的利益，都是从个人利益出发去做事的。但是当他真正这样做的时候，就像有一只看不见的手在指引着他，其结果比他真正想促进社会利益的效果要好得多。

什么是"看不见的手"？"看不见的手"指的就是个人利益驱动，就是市场机制，即价格机制。

斯密最先创立系统的经济学理论。迄今为止，经济学界依然在谈论这只"看不见的手"。斯密3岁丧父，和母亲相依为命，终生未娶。斯密小的时候，有一天妈妈带他到斯密的舅舅家去，把他放到门前，让他自己玩耍，然后就进到院子里去和他舅舅说话。没想到这时来了一群吉卜赛流浪汉，抱起他就跑。舅舅听到哭声追了出来，一直追到30多公里以外的一片森林，这群流浪汉才把斯密放下，逃远了。舅舅把斯密抱了回来。

当斯密奠定经济学体系的基础，成为一位伟大经济学家时，他的传记中这样写道："他的舅舅幸运地为世界挽救了一个天才，正是这样一个天才创造了经济学；否则这个社会将多了一个算命先生,少了一位经济学家。"

斯密之所以能成为经济学家,与他从小生长在一个小渔村里不无关系。那里有一个码头,由于贸易的发展,这个小渔村变成了一个中等城市。船员们出海回来就坐在那里一边喝着啤酒,一边谈论着国际经济贸易,以及他们在世界各地的所见所闻。斯密发现了贸易对一个国家、一个地区经济发展的重要性。

斯密 14 岁就进入格拉斯哥大学,17 岁时转入牛津学院。1746 年毕业于牛津大学巴利奥尔学院。他先在爱丁堡大学任讲师,1751 年担任格拉斯哥大学逻辑学教授,第二年改任道德哲学教授。他因高超的教学水平和极富智慧的思辨而远近闻名。

1763 年,他辞去教授职务,担任巴克卢公爵的私人教师。年薪 300 英镑加旅费,再加上此后一年 300 英镑的津贴,开出的条件实在太优厚了!当他第二年陪着年轻的公爵踏上欧洲大陆时才发现,原来英国这么落后,欧洲却如此发达。他们到了法国,去了德意志等各国,游历了欧洲,看到所有的一切。这期间,他结识了很多研究经济的学者。他拜访了重商学派,他们说商业创造价值;他拜访了重农学派,他们说农业创造价值。他自己则提出了劳动创造价值的理论。

在欧洲侍学两年半后,斯密回到英国,1767 年他带着丰厚的报酬回到家乡。他 10 年深居简出,思考着一个问题:这个社会究竟是怎么运转的呢?经济究竟是怎么发展的呢?思来想去,最后他终于发现，原来这个社会的运转靠的是一只"看不见的手"。每个人在做事时，并没有首先想到社会利益，他想到的都是如何最有利于自己，所追求的是个人利益。但当他真正这样做的时候，就像有一只"看不见的手"在拉着他，其结果比他真正想要促进社会利益要好得多。斯密认为自己发现了资本主义社会运转的真正内核。他异常兴奋，在屋子里来回踱着步子。

从亚当·斯密开始，人类才有了现代意义上的经济学，所以他被称为"现代经济学之父"。他主张国家不要干预经济，而是让经济自由发展，让价格机制自发地起作用。每个人都会自动按照价格机制并根据自己的利益去做事，这样经济自然就会发展了。

在他的思想的指引下，英国经济首先得到发展，然后是西欧，之后是美国。斯密的思想统治了资本主义世界达150年之久。在这么长的时间里，人们用他的理论来管理一个国家，政府不干预经济，让经济自由发展，政府只做个守夜人。直到今天，经济学家还在争论不休：政府是该管着经济，还是该回家去？

到了1929年，我们都知道，一场空前的世界性经济危机爆发了。危机首先从美国开始，股市崩盘、企业破产、银行倒闭、工人失业，经济陷入大萧条，然后波及整个资本主义世界，各国都陷入经济大萧条。

有这样一个故事，说有一个银行家，一天他在路边擦皮鞋的时候，擦鞋人一边给他擦鞋，一边跟他大谈股市如何赚钱。回到家后他想，连一个擦皮鞋的人都知道股市能赚大钱了，这股市不是太热了吗？他当机立断，卖出手上所有的股票。在这场灾难中，只有他这样的极少数人幸存下来，其他的人都在这场股市大崩盘中血本无归，很多人因此跳楼自杀。

纽约饭店还流传着这样一个黑色幽默故事，一位先生来饭店开房间，工作人员问道："先生，您是住楼呢，还是跳楼？如果是后者，请您最好住一楼。我们这里每天都有人跳下去。"

这场席卷世界的经济危机太严重了，以致没有哪个资本主义国家可以幸免。这时人们不禁要问：斯密那只"看不见的手"哪儿去了？他不是说国家不用管，经济就可以自动发展吗？怎么现在经济不能发展了？怎么失业问题解决不了？怎么银行都倒闭了？怎么股市都崩盘了？经济到底怎样才能恢复过来呢？

这时英国又出了一位大经济学家，他叫约翰·梅纳德·凯恩斯（1883—1946年）。凯恩斯在1936年出版了一本书，名字叫《就业、利息和货币通论》，也就是我们说的《通论》。这本书是经济学历史上的一个里程碑。凯恩斯说，那只"看不见的手"解决不了经济危机问题。经济这么萧条，股市这么低迷，失业这么严重，你们没招儿了，我有招儿，我这一招儿叫"看得见的手"。

所谓"看得见的手",就是国家干预经济生活。政府没钱可以发国债,用以拉动经济,刺激经济回升。他讲过一个"挖坑理论":雇两百人挖坑,再雇两百人把坑填上,这叫创造就业机会。

你说真的创造就业机会了吗?雇两百人挖坑时,需要发两百把铁锹;当他买铁锹时,生产铁锹的企业开工了,钢铁厂也生产了;当他发铁锹时还得给工人开工资,食品也有钱挣了。等再雇两百人把坑填上时,还得买两百把铁锹,还得开工资。

他举这样一个浅显的例子是想说明,当一国经济萧条时,政府不是没办法,政府应该出来做点儿事,用这只"看得见的手",通过发国债的方式把经济从大萧条中拉出来。

国家用经济学理论指导干预经济生活的历史是从凯恩斯开始的,由此经济学理论从微观走向宏观,从个量分析走向总量分析,所以宏观经济学是从凯恩斯开始的。

说到凯恩斯,有很多传奇故事。他是个数学神童,成绩非常好,获得剑桥大学奖学金,1902年进入剑桥大学国王学院数学系读书。可是当第一学期结束后,他没能考第一名,才发现自己并不是什么神童。他想,既然自己不能名列第一,就不做数学家了。那做什么好呢?就去当文官吧,可以周游世界。于是,他决定走文官之路。

英国的文官考试非常严格,当凯恩斯做出这个抉择时,他要去旁听很多课,通过考试才能取得文官资格。他有幸旁听了英国另一个伟大的经济学家阿尔弗雷德·马歇尔(1842—1924年)的"经济学原理"课程。马歇尔是微观经济学的集大成者、著名的教授。凯恩斯坐在后面旁听,同学们没有注意到他,教授也没有注意到他。但是当他把考卷交上去之后,马歇尔教授突然发现了这个天才。马歇尔在答卷上这样写道:"这是一份非常有说服力的答卷,深信你今后的发展前途,绝不仅仅是一个经济学家!如果你能成为伟大的经济学家我将深感欣慰。"

当时凯恩斯才18岁,一个大经济学家竟然对一个初出茅庐的年轻人做出这样的评价,说如果你能成为伟大的经济学家我将深感欣慰。颇有讽刺意味的是,当他去参加文官考试时,各科成绩都是A,只有经济学不及格,他名列第二。他非常生气地说:"典试官的经济学水平怎么能看出我经济思想的光辉呢?"

由于经济学成绩不及格,文官考试他名列第二,结果没有去成英国财政部,而是被派到印度事务部。没想到正是这第二名造就了他,他亲眼看到第一次世界大战爆发时英国政府没有钱又是拿什么去打仗的。他看到了政府债券是怎么产生的,债券是怎么发出的,战争怎么打完了,钱是怎么回来的,他目睹了整个发债的过程。

战争结束以后，马歇尔还记着这位有经济学天赋的年轻人，把他请回剑桥大学做了经济学讲师。凯恩斯从事经济学教学和研究工作，目睹了1929年席卷整个资本主义世界的经济危机。这时，所有的经济学家都没有办法了，他说，我有办法，就是"看得见的手"，就是国家宏观调控。

当经济不景气的时候，国家可以加大财政赤字、发行国债，把经济刺激起来，即政府运用宏观调控手段解决经济问题。凯恩斯认为供给不会自动创造需求，政府要刺激需求、拉动经济，靠"看得见的手"、靠国家干预来解决社会的经济问题。

正是从凯恩斯开始，西方国家的经济真的在他的理论指导下开始复苏。美国从富兰克林·罗斯福总统开始，采用了凯恩斯的国家宏观调控理论，建了很多基础设施，修了很多铁路，铺了很多公路，美国从经济大萧条中走了出来。

正是从凯恩斯开始，人们看经济问题也从微观转向了宏观，从个量转向了总量，国家大规模干预经济生活的历史从此开始。凯恩斯的思想带来了资本主义经济的又一次繁荣。美国、英国和其他西方国家从经济衰退中走了出来，出现了从20世纪40年代到70年代经济的蓬勃发展。第二次世界大战以后，西方各国政府都开始对经济进行宏观调控。

20世纪70年代的世界同今天的世界有很多类似之处。2003年，美国发动伊拉克战争，里面有石油的因素，当然还有其他政治原因。而我们关心的是经济问题，由于战争的威胁，油价经过了一轮剧烈的上涨。20世纪70年代中东国家一致决定不能那么便宜地卖出石油，石油输出国组织（OPEC）两次联合提高油价，致使美国的油价竟然上涨了4倍。

石油和粮食一样重要，因为它是工业社会的血液，每个人都离不开石油。所以当油价上涨之后，所有的物价就会跟着上涨，石油已经是生活中不可缺少的一部分了，油价上涨，物价就上涨；物价上涨，货币就要贬值。所以在20世纪70年代两次石油危机之后，油价飙升，物价飞涨，政府虽然继续刺激经济，但经济并没有实质增长，只是物价在上涨，通货膨胀来了！

这时其他经济学家开始说，凯恩斯的这套理论也不灵了！国家用这只"看得见的手"进行宏观调控怎么也不行了呢？当政府大量投资的时候，经济没刺激起来，物价先涨上去了。西方国家的经济出现了经济停滞伴随通货膨胀的怪现象，人称"滞胀"。

所以，没有任何一种经济学理论是常青藤。这时候，很多经济学派应运而生，比较著名的是货币主义学派，其代表人物是米尔顿·弗里德曼（1912—2006年）。他说，都是凯恩斯的赤字财政政策惹的祸，没有凯恩斯的理论，经济会有通胀吗？弗里德曼开出的药方是：经济发展多少，货币就增长多少，只要控制住货币供给量,就不会有通胀。

在里根任美国总统期间,有人建议他,你别刺激需求了,你去增加供给吧,这样经济就会发展起来,结果就出现了一个供给学派,当然还有新制度学派、福利学派等。

在经济发展出现问题的时候,就会有人去研究它,就会有人提出新的理论,然后去解决这个问题。今天,如果你走进书店,你会发现经济类图书琳琅满目,面对这么多学派的著作你会不知从何下手。但实际上经济学只有两派,一派就是我们说的新古典经济学,那只"看不见的手";另一派就是新凯恩斯经济学,这只"看得见的手"。这"两只手"简直就像我们的左右手。两个学派一直在争论,究竟该用这只手还是该用那只手。

20世纪90年代以来,各国经济都出现了不同的发展趋势。比如欧洲经济经历了10年的低谷,欧元在上升;进入21世纪,欧洲经济出现问题,欧债危机面临难题,欧元走势迷雾重重。日本经历了10年的经济不振,21世纪来临后,依然在低谷中徘徊。美国经历了20世纪90年代的经济高增长,在2001年发生"9·11"恐怖袭击事件,2008年爆发金融海啸之后,美国经济明显陷入了衰退。而中国的经济呢?自1978年改革开放以来,步入了上升通道,在很长一段时间,我国的经济年增长率都达到了10%。但进入2020年后,我国经济增速明显放缓了。当今世界,没有哪个国家不在宏观经济问题上费思量,没有哪个国家敢说它的宏观经济没有问题。

　　宏观经济对任何一个国家来讲，都是一个难题。日本经济曾经在20世纪七八十年代每年以10%的速度增长，一直以世界第一的速度在发展。日本的汽车、家电，日本的所有东西，都向世界各地出口。而1989年经济泡沫破裂以后，日本经济一直在走下坡路，至今仍在艰难地进行着产业结构调整。日本经济经历了"失去的30年"，中国在2010年GDP总量超过日本。

　　近些年来，日本的银行利率趋于零，我们把它称为零利率。都这么便宜了，日本人怎么不去借钱呢？都接近零利率了，大家还去存钱，都不去借钱。因为无论借钱去办实业，还是借钱去炒股票，借钱去做什么，都很难赚到钱，所以，他们不去借钱。当经济一直疲软的时候，你不要轻举妄动，你动的时候经济有可能继续下降。

　　有经济学家给日本政府支着儿，让日本政府给国民10%的通胀预期，看他们花不花钱！日本政府对此一直非常慎重，不敢轻举妄动，因为当真正的通胀来临时，当经济失控时，无论对政府还是对国民而言，都是一个灾难。

　　当今世界，没有哪个国家敢说它把宏观经济问题解决好了，比如失业问题、通胀问题、通缩问题、经济放缓问题、债务问题、赤字问题、金融风险问题、股市泡沫问题等，这一系列问题都在探索之中。

　　因此,宏观经济学还是一门不成熟的学科,我们将有幸融入宏观经济的大潮,和这门年轻的学科一起成长。

第三章

一国经济是怎样平衡的

刚毕业的大学生也许会问，怎么我一毕业就找不到工作了？有些企业家在问，怎么我刚要购进原材料，它就涨价了？我们到哪里去找寻答案？

宏观经济学研究经济总量和总量之间的相互关系。那么，一国经济究竟是怎样平衡的？为了平衡一国经济，政府每天忙来忙去，不是在动总需求，就是在动总供给，它力图使总需求和总供给达到平衡。如果总供给和总需求还不平衡，怎么办？这时，市场会用价格找平。

你看到价格指数上升的时候，就知道经济渐渐热起来了，这时总需求超过了总供给，通货开始膨胀了；你看到价格指数下降时，就知道经济开始变冷了，这时总供给超过总需求，通货开始紧缩了。要学会看一个重要指标，那就是价格指数。

现在，我们的脑子里已经装进了一大堆问题，通过一连串的故事我们开始对宏观经济产生兴趣。接下来，到了我们层层揭开宏观经济神秘面纱的时候。

既然是宏观经济，我们先来看看一国经济中最宏观的东西是什么，无非一个国家经济的运转，那么它究竟是怎么转起来的？用宏观经济学术语来说，一国的经济究竟是怎样平衡的呢？

我们先了解一下，宏观经济学究竟在研究什么？宏观经济学研究的是经济总量和总量之间的相互关系。我们来看一些简单的例子，比如，我们看到现在失业的工人不少，甚至有些大学生一毕业就找不到工作，为什么？作为个体，我们常常不好理解，读完4年大学，好不容易拿到文凭，怎么就找不着工作了呢？政府干什么去了？我工作了这么多年，现在怎么就下岗了呢？诸如此类的问题很多。但是如果从总量来观察，我们就会发现，问题的根源在于，这个社会的劳动力供给太多了，而劳动力的需求却不足，所以劳动力总量过剩了。当然，如果这时人们想要高工资，原则上是不可能了，因为劳动力供给太多，还有更便宜的劳动力在等着这份工作呢。

企业家在想："过去厂里生产出来的东西，不愁卖不出去，现在怎么就卖不出去了呢？"这时，企业家看看物价指数就会知道，不仅仅你一家产品卖不出去，整个行业都出现了供过于求的现象。因为需求不足，供给过剩，所以产品价格都在跌。

宏观经济研究什么？研究总量问题，如总的经济增长率、总的就业率、总的价格指数、税率、利率、汇率、经济周期等。当其中某个指标发生变化的时候，我们就会做出相应的分析和判断。当看到物价指数一直上升的时候，我们想到可能经济太热了；当看到利率不断提高的时候，我们会想到原来赚到的钱中的一部分要交给银行了；当看到股价指数很高的时候，我们可能想到在股市赚钱容易了，但股市的风险也加大了。宏观经济学就是研究经济总量和总量之间的相互关系，通过这些指标让人们看到宏观经济的变化。如果你了解宏观指标间的相互关系，你就可以判断出你该做什么以及怎样做。

那么，一国的经济是如何平衡的呢？上一章我们曾提到的经济学家凯恩斯说：宏观经济太复杂了，涉及的内容太多了，让我来设计一个模型吧。把一国复杂的宏观经济部门抽象出来，用一个模型来表示，大家一看就明白了，这就是简单的凯恩斯模型。

凯恩斯说，一国的宏观经济有两个部门，第一个部门是家庭，第二个部门是企业。家庭出卖劳动，到企业去做工，挣来钱去购买企业生产的产品；企业生产出产品，把产品卖出去，收回钱来继续生产。一国的宏观经济要想平衡，要想正常运转，家庭挣的钱就得全花了，企业生产的产品就得全卖了，这样宏观经济就能正常运转了。

我国宏观经济的现实问题是：家庭挣的钱没都被花出去，企业生产的产品也没都被卖出去。那么，我国的宏观经济还能正常运转吗？

凯恩斯又说，现实经济中没有一个家庭会把挣来的钱都花出去，他们会把一部分钱花出去，把另一部分钱存起来。从企业来讲，它也不可能一直维持简单的再生产，它想扩大再生产就需要投资。家庭不花的钱存进银行，有了储蓄；企业扩大投资时找银行借钱，有了投资。宏观经济中出现了储蓄和投资，当企业的投资等于家庭的储蓄时，宏观经济也能正常运转。

所以，宏观经济平衡最重要的条件是：储蓄等于投资。

凯恩斯说，如果要让两个部门的经济运转起来，储蓄一定要等于投资，如果一国的储蓄大于投资，经济就出问题了。银行有多少储蓄，企业里就有多少商品库存。所以，在经济不景气时，政府就希望人们把储蓄的钱拿出来消费，只有大家花钱，经济才有希望增长。反之，在经济过热时，政府希望人们少消费，让钱回流到银行。

当储蓄大于投资的时候，通货就在紧缩，因为东西卖不出去，企业只能降价卖、保本卖，甚至最后赔本也得卖。当投资大于储蓄的时候，大家都想赚钱，这时需求多了，东西少了，物以稀为贵，商品就能卖高价，这就会出现通货膨胀。因此，前者表现为通货紧缩，就是钱越来越值钱；后者表现为通货膨胀，就是商品越来越值钱。

因此，在凯恩斯的宏观经济模型中，两个部门的经济要想正常运行，平衡的条件是储蓄一定要等于投资。

凯恩斯还说，任何一个国家的经济都不能没有政府，否则社会将陷入混乱状态。所以，他的模型要加入一个部门，就是政府部门。政府怎样才能生存呢？它需要有收入。大家缴税给它，政府用它支付公务员的工资，维持政府的生存，还有国防、公共教育等，维持它们所需的费用。把政府部门加入这个模型，宏观经济的平衡条件是：财政收入等于财政支出。

我们每个人在拿到收入时，都要缴纳个人所得税；企业有了收入，要缴纳企业所得税，还要缴纳企业增值税等。大家把这些钱缴纳给政府，政府有了收入后就要把钱花出去。这样一来，整个宏观经济才可能正常运转。

如果政府的财政收入不等于财政支出，那就会出现财政赤字，或者出现财政盈余。现在，出现财政赤字的国家可谓比比皆是。也就是政府财政收入少支出多，收进的钱还不够开支的。减少财政赤字，是大多数国家政府面临的头号难题。

凯恩斯最后说，这个宏观模型还要加一个国外部门。他说，现在没有一个国家的经济可以封闭起来，既不出口也不进口。无论多么原始的国家，它都或多或少有一些出口和进口。所以，模型中又加入了一个国外部门，这就有了出口和进口。当国外部门加进来时，宏观经济平衡的条件是：出口等于进口。

如果出口大于进口，就会出现贸易顺差。出口多、进口少，赚到的钱多了，外汇自然流进来，就像现在的中国，表现为贸易顺差。如果一国的进口大于出口，出口少、进口多，就会表现为贸易逆差，就像现在的美国。无论贸易顺差还是贸易逆差，都是宏观经济不平衡的表现。

上面分析了两个部门的经济，家庭的收入一定要等于企业的产出，如果家庭把不花的钱存入银行，企业到银行去借钱，那么储蓄一定要等于投资；政府部门出现之后，政府的收入一定要等于政府的支出；国外部门出现后，一个国家和外国发生经济贸易往来，它的出口一定要等于进口。凯恩斯说，分析到此为止，我的模型中有4个部门，即家庭、企业、政府和国外部门。

经济生活有两个方面：一个方面是供给，另一个方面是需求。对宏观经济来说，就是总供给和总需求。一国宏观经济究竟是怎样平衡的呢？我们来理一下思路。这个问题比较抽象，企业生产的消费品，加上储蓄，加上政府的税收，再加上进口，构成总供给。而人们的消费，加上人们的投资，加上政府的支出，再加上出口，构成总需求。这两者一定要相等。

家庭的收入等于企业的消费品，储蓄等于投资，财政收入等于财政支出，出口等于进口。这就得到一个简单的公式：

总供求平衡：

消费品＋储蓄＋财政收入＋进口＝消费＋投资＋财政支出＋出口

用字母来表示，就是：

$$C+S+T+M=C+I+G+X$$

公式左边代表总供给，右边代表总需求，两边一定要相等；如果不相等，宏观经济就不能平衡发展。所以，凯恩斯在20世纪30年代就提出了这样一个模型，这8个字母把一国复杂的宏观经济表露无遗，全部囊括其中。

你可能要问了，在我国现实的经济生活中，储蓄不等于投资，政府的税收不等于支出，出口也不等于进口，那么宏观经济还能运行吗？凯恩斯认为，每对指标不必个别相等，只要它们的总量加起来相等就可以了。你把钱给了政府，政府一定要把这笔钱花出去；你把钱存入银行，银行一定要把它贷出去，否则经济就不能发展。

政府每天都在做什么呢？政府宏观调控一定要让总供给等于总需求。供求公式的左边代表总供给，右边代表总需求，就像人的左手和右手，这二者一定要相等，可是现实中它们并不总是相等。于是，政府调控经济要做的事，不是动左手就是动右手，让总供给等于总需求，设法求得经济的总量平衡，从而保证其健康发展。

具体来看，如果一边有很多产品在仓库里压着，另一边有大量资金在银行里存着，怎么办？这时候政府就要着手解决这些问题。

政府就要动右手，它要在需求上做文章。政府刺激消费，告诉大家：你们去消费吧，买房可以贷款了；去买车吧，买车可以贷款了；让孩子去上大学吧，上学也可以贷款了，都去贷款消费吧！政府刺激投资，发行国债，扩大基础设施建设，使水泥的需求上来了，钢材的需求上来了，修路的劳动力需求上来了。政府还刺激出口，给出口企业退税，拓展外需空间。

　　政府为什么这样做？因为我国有太多的供给在那里放着：商品压在仓库里，积压越来越多；大量劳动力过剩；总供给大于总需求，经济转速越来越慢。所以，政府在刺激总需求，消化多余的总供给，使总供给等于总需求，让宏观经济平衡发展。

　　经历过1993年经济过热的人都知道，那时需求特别旺盛，供给却显得不足。钢材价格从每吨1 000元涨到4 000元。由于需求过度，大家都去抢货。物以稀为贵，谁出的价高，商品就归谁。

　　所以，从1993年开始，各级政府努力压缩总需求，增加总供给。到1996年，我国政府成功地控制了通胀，宏观经济实现了软着陆。

　　但是，经济发展一刻也不会停止在我们满意的时刻。从1997年开始，我国政府又遇到了新难题：总供给超过了总需求，需求不足、供给过剩、物价指数走低，出现通货紧缩的迹象。怎么办呢？我国政府在这几年里加大刺激总需求的力度，开始鼓励人们消费，出台政策鼓励厂家扩大出口，同时加大政府的财政支出，扩张经济规模。政府在钱不够用时就发国债，让老百姓买国债。大家不花钱，政府先替大家花，以后政府有了钱再偿还给大家。

政府花了钱，就能够增加需求，把社会多余的供给消化掉，让总供给和总需求达到平衡。从 1997 年到 2002 年，我国政府一直在这样做。

到了 2003 年，我国经济从衰退中走了出来，进入高速增长阶段，这时的总需求开始超过总供给，国内煤炭价格从每吨约 120 元涨到约 360 元，国际原油价格从每桶约 30 美元涨到 2007 年末的接近 100 美元。房价在涨，股价在涨，食品价格在涨，直到 2011 年，中国经济依然在一片"涨声"之中。

如果总需求控制不住，物价指数就会不断攀升。当通货膨胀失控时，人们会产生心理恐慌，会抢购商品，会到银行挤兑，整个经济就会陷入一轮恶性循环，大好的经济增长形势就可能被断送。时间到了 2025 年，现在的情况正好相反，房价跌、物价跌、股价跌、工资跌，经济进入通缩状态。政府正在加大投资，刺激消费，想把经济从谷底拉出来。

说了这么多，其实就一句：政府对一国宏观经济的调控，就是让总供给等于总需求。如果政府调来调去都摆不平，不是需求不足，就是供给过剩，宏观经济实在达不到平衡怎么办？一句话：**价格找平！**

当一国宏观经济不平衡，需求太多、供给不足时，人们是不愿意把钱存在银行里的，人们担心钱会越来越不值钱。所以不是拿去投资，就是增加消费，结果物价指数就会攀升。反之，当供给过多、需求太少时，人们都愿意把钱攥在手里，存在银行里，就是不肯花出去。不管政府怎样刺激需求，使出什么高招儿，老百姓就是不花钱，这时怎么办？宏观经济怎么平衡？只能用价格来找平。

当你看到价格指数上升的时候，你就知道经济开始回暖，总需求超过了总供给，通货开始膨胀了；当你看到价格指数下降时，你应该知道经济开始变冷了，这时总供给超过总需求，通货开始紧缩了。

政府对宏观经济的调控，就是在总需求和总供给上做文章。它不是在刺激总需求，就是在增加总供给。不过，政府动总需求相对容易，动总供给相对困难。动总需求，政府只要出台政策就能马上刺激消费、刺激投资、增加出口，但是动总供给却不那么容易。比如，想增加钢材产量，先要找原材料，再去买设备，然后培训工人，最快也得一年半载才能投产。所以，动总供给这块很难，它需要一个周期，动总需求见效相对较快。因此，一国政府在短期内调整的是总需求，在长期内调整的是总供给。如果总供给和总需求都调整不好，那就用价格来找平。

读者朋友，如果哪天你看到物价指数上升了，说明经济开始回暖了；哪天看到企业的利润增加了，说明经济开始起来了；哪天看到股市回升了，说明经济开始热了。一国经济的总供给和总需求是否平衡，物价指数就可以反映出来。当你看到价格指数开始平稳运行，既没有通胀也没有通缩时，你就应该知道，宏观经济趋于平衡了。

第四章

GDP 就是国内生产总值

说到一国经济，自然要提到经济总量。那么，用什么来计量一国的经济总量？用 GDP。用什么来衡量国家之间贫富的差距？用 GDP。用什么来衡量各国人民生活水平的高低？用人均 GDP。

什么是 GDP？ GDP 就是国内生产总值，它指的是一个国家或地区的所有常住单位在一定时期内（通常为一年）所生产和提供的最终产品和劳务的价值总和。也就是说，一个国家或地区在一年内究竟新创造了多少物质财富。当我们知道了 GDP= 总消费＋总投资＋净出口时，我们就清晰地看到了政府拉动经济增长的三驾马车：刺激总消费、加大总投资和鼓励出口。

了解一国经济如何达到平衡之后，随之而来的一个问题是，我们如何描述一国的经济总量，使我们对一个国家的经济实力可以有一个大致的了解。我们用GDP来描述。在大量的经济信息中，你会经常听到我国经济增长速度达到百分之多少，这说的就是GDP增长速度。我们也常听说，我国今年的GDP又突破了多少万亿元人民币。什么是GDP？GDP就是国内生产总值。它指的是一个国家或地区的所有常住单位在一定时期内（通常为一年）所生产和提供的最终产品和劳务的价值总和。也就是说，一个国家或地区在一年内究竟新创造了多少物质财富。

　　都说美国是全球经济实力最强的国家，以什么为依据呢？就是美国的GDP。又说中国是发展中国家，依据到底是什么？是用中国人均GDP水平来衡量的。国与国之间实力的比较，贫穷与富裕的比较，都是用GDP来衡量的。

美国经济学家保罗·萨缪尔森（1915—2009年）说："GDP是20世纪最伟大的发现之一。"这一点确实不假，如果没有GDP这个发现，我们就无法将国与国之间的经济实力进行比较，也不能得出发达国家为什么富、发展中国家为什么穷的结论。

从2003年到2010年，我国经济已经连续7年保持10%左右的增长速度，GDP超过39万亿元人民币，令世界瞩目。到2024年，我国GDP总量已达到134.9万亿元人民币。现在全世界都在关注中国经济，关注中国经济的增长，中国已经成为世界经济的一个引擎。

我们说，GDP就是国内生产总值。那么，国内生产总值是如何定义的，它是怎样计算出来的呢？

打个比方，GDP就好比我国在一年内做了多少蛋糕。我们用蛋糕来做比喻：我国人民在这块国土上，一年内生产了5块蛋糕；而美国生产了多少蛋糕呢？它生产了7块蛋糕；日本生产了1块蛋糕。这里的蛋糕代表的是每个国家一年生产的经济总量，也是一国经济规模的大致比较。

我们把这块经济蛋糕做出来了，它是一国在一年内新创造的物质财富。那么接下来的问题是，这块蛋糕是如何组成的呢？也就是说，GDP是如何构成的？

从收入的角度看，GDP由四块构成。第一块是固定资产折旧。例如，我们在投资企业的时候，购买了 100 万元固定资产，年折旧率是 10%，每年就有 10 万元的折旧费。第二块是劳动者报酬，这是给所有工人、农民、其他劳动者的工资。第三块是政府的净税收，也就是全国人民缴的税中由政府支配的部分。第四块是企业盈余，也就是企业赢利的部分。这是我们计算 GDP 的一种方法，也叫分配法。

GDP 在构成人们的收入之后，又是如何被花掉的呢？也就是说，GDP 是怎么支出的？这是计算 GDP 最经常使用的方法。从支出的角度看，GDP 由三部分组成：总消费、总投资、净出口。

计算 GDP 有三种方法：生产法、分配法和支出法。通常比较容易理解和应用较多的是支出法。

首先，GDP 的一部分是大家的消费，一部分是人们的投资，还有一部分是外国人买的我们的产品，也就是我国的出口。出口记入本国的 GDP。

消费和投资这两部分好理解，而出口为什么算作本国的 GDP？当我们把产品输出去的时候，外国人买了我们的产品，外汇流入本国企业，这样，我们的蛋糕就做大了。反之，本国的进口同样做大了别国的蛋糕。所以我们在计算 GDP 的时候，要计算净出口，就是出口减去进口后的净值。

既然从支出的角度来看，总消费、总投资、净出口构成了

GDP，我们就得到一个清晰的计算公式：

$$GDP = 总消费 + 总投资 + 净出口$$

公式中这个"净"字，表示出口减去进口。宏观经济常常出现一个"净"字，例如，一国出口 1 200 亿美元，进口 1 000 亿美元，那么出口多出的这 200 亿美元就记入该国的 GDP。

因此不难理解我国政府为什么一直刺激出口，因为出口会增加我国的 GDP。我国加入世界贸易组织（WTO），就是希望把更多的中国产品打进国际市场。所以，政府总是在鼓励出口，曾经采取出口退税的政策，给出口企业很多优惠条件，让更多的产品出口到国外，把我国 GDP 这块蛋糕做大。

进口意味着我们的钱流走了，构成别国的外汇，构成别国的收入。如果中国人开的车都是美国的福特、德国的奔驰，都是外国生产的汽车，我国的 GDP 就会缩小。只有把我国的产品打向世界各国，我国的 GDP 才会做大。

这就是各国为什么要在国际贸易上竞争。当世界各国的生产力越来越发达、商品越来越丰富，甚至出现大量生产过剩的情况时，加大本国商品出口力度，积极参与国际竞争，赚取外汇为本国经济输血，就成为很多国家振兴经济的重要手段。

让我们看一个例子。1997 年东南亚爆发了金融危机，东南亚各国货币相应贬值，这些国家的商品变得非常便宜。比如，当韩元贬值以后，韩国的钢材价格几乎等于我国钢材价格的一半。因此，货币贬值在给遭受金融危机的东南亚国家带来危害的同时，也为它们提供了有利于出口的机会。当时我国政府出于种种考虑，保持了人民币币值的坚挺，没有使东南亚货币贬值风潮雪上加霜。

但是，由于人民币不贬值，我国的出口商品失去了相对的国际价格竞争优势。在这种情况下，我国政府实施了刺激内需的政策，把经济增长的重点放在了国内，不断鼓励人们消费，不断加大基建投资。在2008年，美国爆发金融危机，美元开始贬值，人民币处于升值状态，我国的出口就遇到了难题。

这里，我们可以看到一个非常清晰的脉络，就是政府拉动经济增长有三驾马车：一是刺激总消费，二是加大总投资，三是鼓励出口。要做大一个国家的经济总量，增强一个国家的整体经济实力，政府就要在这三驾马车上做文章。

GDP说起来宏大抽象，但它有非常现实的应用价值。比如，我国在加入世界贸易组织时，争议时间最长的内容之一就是，我国究竟是以发展中国家还是中等发达国家的身份加入？依据什么来判断呢？依据我国的人均GDP。2001年我国人均GDP不足1 000美元，在发展中国家定义范围之内。我国如果不是以发展中国家的身份加入世界贸易组织，就没有相应的优惠条件，也没有 5 年的过渡期，还要承担与国家实力不相符合的国际义务。而争取到 5 年的过渡期，对处于转型中的我国来说是十分重要的。

关于 GDP 是如何统计出来的，总有人误解甚至怀疑我国统计数据的真实性。有些简单的问题，你可以想一想，我国在计算 GDP 的时候，在计算这块蛋糕有多大的时候，农民那一块被算进来了吗？我国有 4 亿多农民，他们种的粮食被计入我国 GDP 总量了吗？

这个问题很多人不明白，以为没有被计入，实际上 4 亿多农民吃进肚里的粮食都被算进 GDP 中了。每个农民在这一年中，比如一个月吃 15 公斤粮食，一年要吃 180 公斤粮食，这些都以市场价格的形式被计入了 GDP。

但是，农民在房前屋后种的菜被计入了吗？养的鸡鸭都被计入了吗？这些不好被计入。所以，我国 GDP 统计存在遗漏，有好多数据统计不上来。

比如，我国现在城市居民富裕了，很多家庭请了小时工帮助做家务。目前我国从事家政服务的人员不少。但是，这些劳务都没有被计入 GDP，这是很大的一块。在西方发达国家，凡是到别的家庭从事家政服务的人员，必须先去政府机关登记，填一张税卡，然后才可以去做工。国外这块劳务就被计入了 GDP，我国这一块暂时还没有。

家政劳务创造了一国 GDP，我国由于没有将其计入，就表现为 GDP 总量小，人均 GDP 水平低。由于部分农民吃菜这块也没有被计入，同样表现为我国 GDP 总量和人均 GDP 水平偏低。将来这些都会逐步被纳入 GDP 的核算范围。

这样一来，表现出来的是，我国 GDP 总量小，人均 GDP 水平也低，而实际生活是相对富裕的。从 GDP 在 2005 年的总量来看，中国已经超越日本，占到世界第二位，仅次于美国。这么大的经济总量被 14 亿人口一分，人均 GDP 就显得不多了。

2006 年我国的人均 GDP 仅有 2 000 美元，而 2006 年美国人均 GDP 为 44 190 美元，日本接近 4 万美元，大约都是我国 20 倍的水平。近十几年来，我国 GDP 总量和人均 GDP 的差距都在缩小。2024 年美国 GDP 总量 29.2 万亿美元，人均 GDP 8.6 万美元，日本 GDP 总量为 4.1 万亿美元。中国 GDP 总量接近 19 万亿美元，人均 GDP 为 9.57 万元，折合约 1.3 万美元，排在全球第 74 位。

第五章

市场失灵

适应了现代经济生活的人们已经普遍接受亚当·斯密的经济理论，其核心就是市场这只"看不见的手"。他说，政府别管经济，回家去吧！价格机制本身就能调节经济。看价格我们就知道，赚钱的事情我们就去做，赔钱的事我们就不去做；对我们有利的事就去做，对我们没有利的事就不去做。

可是，当河流被污染、山林被砍伐、受教育者需要学校、出行者需要公路时，当偏远贫困山区的人们生活困难、失业下岗的人揭不开锅时，市场是无法应对的。这就是市场的失灵。市场失灵表现在经济中负的外部性、社会需要的大量公共物品缺失、收入分配不公平这三个方面。

普通人通常会感受到经济领域中有两股力量在起作用，一是政府，二是市场。我们接触最多的是市场。

　　但市场真的是万能的吗？政府真的可以什么都不管了吗？西方国家在20世纪30年代出现了大规模、长时间的经济萧条，人们才发现原来市场并不是那么完美的，市场的自我调节能力是有限的。经济大萧条的来临显现了市场之手的无助。人们发现，原来有些事情是市场不能做的，市场在某些方面存在缺陷，这就是所谓的市场失灵问题。

　　市场究竟在哪些方面失灵了呢？

　　比如，我国早些年河湖的污染情况十分严重，为什么这么多的水面都被污染了呢？又比如，近年来北京发生的沙尘暴，过去的北京空气多么好，哪有什么沙尘暴呢？北京的沙尘暴究竟是怎么造成的呢？往深处追究，这沙子究竟是从哪儿来的呢？2002年，北京又刮起大的沙尘暴，追根溯源，发现是由于内蒙古草原过度放牧，水土不能保持了，草少了，沙就起来了。所以，是人们的经济行为导致了水土流失、沙化，导致北京一到春天就会黄沙漫漫。

为什么会出现破坏环境的行为呢？这些现象是怎么产生的？经济学描述这种现象的名词，叫经济中的"外部性"。

什么叫外部性？当人们做了一件事，对导致的后果不负任何责任，即做了坏事不用受惩罚、做了好事也得不到补偿的时候，经济中就出现了"外部性"。

当外部性存在时，市场解决不了它，价格也解决不了它。河湖为什么被污染了？许多化工厂、制药厂排出的废水流入河里，导致河水被污染。企业要装一套污水处理设备，达到环保标准后再排放就得花好多钱，甚至会造成亏损关门，而直接排走污水就可以省很多钱。这样一来，河流就被污染了。上游的人排污，下游的人吃水，这就是经济中负的外部性。因为做出这种行为的人所造成的后果与己无关，他们不需要为此付出代价。这种经济中负的外部性是市场机制不能解决的。

1998年我国遭受了百年不遇的特大洪灾。为什么会有这么大的洪水？如果说是那一年下的雨太多了，这么多的雨水又怎么都流进了河湖，变成了洪水？天降大雨是坏事，也是好事，只是不具备蓄洪能力才导致灾难的产生。

在西方国家，很多人都具有很强的环保意识。例如，德国人每家住的小楼，楼上都装了排水管。到了下雨或下雪的时候，这些水顺着管道一直流进小楼下面的地下室。地下室里有两个特别大的水桶，每家浇花种树，用的都是这种"自来水"。这样，天上下来的雨水或雪水就不会白白流走，都得到了合理的利用。德国人一般不打井喝地下水，他们总是尽量利用自然界的地表水。有一天，一个旅游团到了阿尔卑斯山里一个群山环抱的地方，司机告诉大家，山里面有一个大水库，水库的水是阿尔卑斯山融化的雪水，这里是全市人民喝水的地方。

我国的长江、黄河、淮河为什么经常洪水泛滥？不就是上游的过度砍伐造成的吗？上游地区把山上的树木都砍了，那里的水土自然保持不住了，泥沙被雨水冲刷而下，形成一次次的洪峰，需要抗洪和泄洪。泥沙淤积的河床越来越高，堤坝越垒越高，有人说，长江早晚会变成一条悬在中国人头上的河，一旦决堤，后果不堪设想。这一切，都是经济中负的外部性造成的，如果人们不在上游砍那么多树，怎么会出现这样的事情呢？

还有，为什么海上的油船总发生漏油事故呢？船主们宁愿挨罚也不想买一条新船，因为这样做对公司是合算的。在海上行船漏了油，海水被污染了，生物遭到威胁，谁会对此负责任呢？例如，英国BP石油公司在美国墨西哥湾的重大漏油事件，污染了海面，海里的生物受到威胁。

经济中负的外部性比比皆是。一些人的行为损害了其他人的利益，他们并不为此付费，所以造成了负的外部性。有读者一定看过2004年上映的美国电影《后天》，影片中所表现出来的温室效应带来冰川融化的巨大灾难，令人触目惊心，本来以为那只是"后天"的事情，只是科幻，但是2004年底印度洋就发生了比影片更凄惨和恐怖的海啸。照现在这样破坏环境去发展经济，未来的地球会发生无数人造的自然灾难，到时我们就会失去今天赖以生存的环境。

经济中负的外部性是市场经济解决不了的，"看不见的手"也没有办法。

经济中还有正的外部性。比如，一项发明问世，发明家用了很长时间，花了很多工夫，甚至是带着一个团队在做。他们成功以后能够获得多少补偿呢？他们对社会做出了很大贡献，就像爱迪生发明了电灯，从此人类告别黑暗，但是他又能从中获利多少呢？牛顿发现万有引力定律，爱因斯坦创立相对论，他们能获得多少经济补偿与回报呢？能不能将其与他们对人类做出的贡献相比较呢？还有，我国大力开展的义务造林活动以及许多发明创造，它们都给社会带来了正的效益，可谁来补偿他们，谁来保护他们的发明和创造呢？我们说，当人们做出巨大的贡献时，市场并不对他们进行补偿，这是经济中正的外部性，这也是市场机制所不能解决的。

所以，当外部性存在的时候，无论是增加了外在成本，还是带来了外在效益，市场机制都是无能为力的。负的外部性对社会有害，正的外部性对社会有益。不管怎样，市场机制解决不了这些问题，这是市场机制失灵的一个方面。

在经济生活中，还有一种情形也是市场机制不能解决的。比如，大家都需要的东西却没有人愿意提供。这是什么物品呢？

全社会的资源分为两种：一种是私人物品，一种是公共物品。你身上穿的衣服、手里拿的东西都是你自己的，是属于你的私人物品。私人物品具有两个特征：一是竞争性，二是排他性。竞争性是指你消费的东西别人就不能消费了，你们的消费处于竞争状态。排他性是指你有钱买了这个东西，没钱的人就被排斥在外。私人物品是市场机制、价格机制可以解决的。

但这个社会还有许多公共物品。公共物品也有两个特征：不竞争和不排他。比如，路灯是公共物品，谁都可以从路灯下走过，谁都不需要交费，没有竞争；但谁也不能限制别人从路灯下走过，也不排他。又比如，北京新修了一条公路，大家通行时不用交费，因为这条路是公共物品。我们的国防也是公共物品，国防对全体国民都提供保护。修好的道路大家都能走，路灯照着所有行人，国家的司法、教育、公共卫生、桥梁、灯塔等，这些都是公共物品。

公共物品在消费中不需要竞争，社会全体成员都能享受它们，多一个人消费并不增加其成本，但谁想排斥别人消费，成本也是相当高的。例如，总不能每盏路灯下都站个警察，凡是没交钱的人先得把眼睛蒙上才让过，这麻不麻烦？再比如国防，当敌人导弹打过来时，军队只保护缴过税的人，没缴税的就不管了，这难不难？还有灯塔，让海上过往船只都来靠岸交费是一件多么困难的事情！所以，在公共物品的使用上，排斥别人的费用是极高的，也是非常困难的，但增加一个人消费却不增加其成本。

那么，我国的高速公路是公共物品吗？公共物品有两个特征：不竞争、不排他。高速公路虽然不竞争，但排他，不交费的车一般不能上高速公路。但高速公路也不是私人物品，因为它不限制任何车辆，只要交过费，就可以上去走，所有人都可以使用。那么它是什么物品呢？它是准公共物品。公共物品分为纯公共物品和准公共物品。

纯公共物品具有两个特征：不竞争和不排他。如国防、义务教育等。准公共物品只具备一个特征：或者不竞争，或者不排他。如收费的高速公路就是准公共物品，不具备竞争性却具有排他性，不交钱就不让上去。

并不是所有的高速公路都是准公共物品，如北京的不少高速公路路段就是免费的，而德国的高速公路是纯公共物品，因为不收费，谁都可以走。所以你会发现，德国的高速公路上跑着很多外国的汽车。欧洲各国的汽车都愿意从德国走，因为德国高速公路是纯公共物品，不用交通行费。

高速公路不收费通常是一国经济富裕的表现。德国人是这样想的："我们的高速公路这么多，如果要建关卡收费，花钱太多不说，也影响经济发展。所有的车过路可以不交费，但是汽车走几百公里总不能不加一桶油吧？好了，你们只要加一桶油就够了！"因为德国把一种税加在汽油里了，那就是我们说的燃油税。德国政府把高速公路变成了纯公共物品，却从汽油里抽税。

随着人口基数的扩大和生活水平的不断提高，公共物品在供需方面也出现了矛盾。从需求方面看，谁不想呼吸清新空气？谁不想看绿水青山？谁不想让自己的孩子到学校读书？谁不想去图书馆免费借书？是人都有这样的愿望。因此，对公共物品的社会需求越来越大。从另一方面看，公共物品的供给为零，没有人愿意提供公共物品。为什么呢？因为即使提供了公共物品，使用时由谁来交费呢？如果是私人物品就不一样了，它有市场的价格机制，人们要是不出钱就不能得到这个东西。而公共物品的使用是免费的，大家都知道消费时不花钱，于是所有人都来"搭便车"。

"搭便车"这个词来自欧洲。在国外的高速公路口上,你把拇指伸出来,有的车就会停下来,只要顺路,司机一般会捎你同行。你上车后也不需要交钱,因为他愿意让你"搭便车"。

但公共汽车就不同了,如果所有的人上车都不用买票,还有人愿意开车吗?这样肯定连运营成本都收不回来。我们说,私人物品的供需是市场价格机制能够解决的,而公共物品是大家都需要但没人愿意无偿提供的。在这种情况下,所有人都想免费搭车,公共物品的生产者和消费者之间的经济链条在这里断了,市场又失灵了。

社会确实需要公共物品,又没有人提供,怎么办呢?于是政府说,既然所有人都需要的东西没有人来提供,大家就缴税吧,由政府来提供公共物品,满足你们的社会需求。

当然,公共物品的消费还具有强制性。为什么具有强制性呢?最好的例子就是国防。有人会说:"我住深山老林,导弹掉下来也砸不着我,根本不需要防空保护。"但是,你不需要大家需要,国防是一体性的强制消费。又比如,有人在路上开车时说:"我最怕交通警察,一见他们就晕,他们能不能站别处去?"对不起,交通警察必须站在那里,因为社会需要他们维持交通秩序。

无论你缴税与否,国防都会保护这个国家里所有的人。使用公共物品无须交费,因为它是政府用大家的钱无偿提供的。

美国发生过这样一件事：有两个人在路上撞车了，却把政府给告了。理由是路灯太暗，开车人相互看不清，所以才发生事故。如果不信，政府可以派人开车到那里试一试，看撞不撞车。公共物品就应该由政府提供，政府必须提供足够的灯光，不能让市民因为路灯太暗造成交通事故。

所以，政府在有能力的情况下一定要提供公共物品。公共物品是政府靠税收来提供的。如果税收不够，提供不了那么多公共物品怎么办？政府不能让大家没路可走，它可以提供准公共物品，还可以让民营企业或外资企业投资准公共物品。比如，把某条高速公路包给外国公司来修，把某个港口包给民营公司去做。

政府如果一时没有能力提供纯公共物品，就应该尽可能提供准公共物品。准公共物品的投入是有回报的，企业或个人只要有能力从政府那里得到特许权，提供准公共物品就会变成一个商业机会。

例如，北京市五环路通车后，上路要交费，那么五环路就变成一个准公共物品。而北京的其他环线都不收费，它们是政府提供的纯公共物品。因为五环路是靠贷款修的，收费是为了还贷。可是北京的交通拥堵实在太严重了，于是政府研究决定五环路不再收费，这样它就从准公共物品变成了纯公共物品。

那么我国的教育是公共物品吗？就现状看，九年制义务教育是公共物品，是由国家来提供的。但是，年轻人如果还想深造，就需要交一些钱。这时的教育就变成了准公共物品。如果既没有那么多教育类的公共物品，也没有准公共物品，我们国家的教育水平不就下降了吗？所以，政府在有经济能力的情况下一定要多提供公共物品，在缺少经济能力的情况下也应该多提供准公共物品。

让我们想一下，如果把全国所有城市的道路都变成准公共物品，生活起来是不是很不方便呢？以后我们都有车，到一个地方交一次费，到下一个地方再交一次费，这样生活会变得非常不方便。在把一条路的建造费用收回来之后，政府就可以把这条路还原为纯公共物品。但我国现在还做不到，因为政府把修这条路的贷款收回来之后，可能要马上拿这笔钱去修下一条路。

等一国经济真正发展好了，在财政充裕的情况下，许多准公共物品就会变成纯公共物品。当它们真正变成纯公共物品的时候，我们会发现生活质量提高了很多，也许孩子们可以直接上大学，而不需交学费；道路也可以随便走，不必再准备那么多的"买路钱"。

所以，政府在有钱的情况下应该多提供公共物品，没钱就要先提供准公共物品，到一定时候再把它变成纯公共物品，这样人们的生活水平就会提高。

市场失灵还表现在收入分配不公平上。有些人富,有些人穷,这些问题单靠市场机制解决不了。市场机制只能解决效率问题,让经济快速发展,但不能解决公平问题,这是市场失灵的又一种表现。这些问题只能由政府来解决,政府向高收入人群征税,给低收入人群发放生活救济金,让穷人也能过上温饱日子。

总结起来,市场失灵表现在三个方面:第一是经济中负的外部性,第二是社会需要的大量公共物品缺失,第三是收入分配不公平。这些问题市场解决不了,怎么办?由政府出面解决。那么,政府究竟应该怎么解决这些问题?政府应该发挥哪些作用?政府又该扮演什么角色?这都需要我们进一步探讨。

第六章

政府扮演的经济角色

人们看到市场失灵自然会问，减少负的经济外部性、提供公共物品、消除收入分配不公平，这些不赚钱甚至赔钱的活儿，这些市场做不到的事情让谁来做？答案是：让政府去做。

大家缴税给政府，政府在我们的经济生活中究竟扮演什么样的角色？它应该发挥什么样的作用？

第一，政府要负责稳定经济。没有一个安定的政治环境，经济发展不好；没有一个稳定的经济环境，政治局面同样岌岌可危。

第二，提供足够的公共服务。这个社会需要畅通的公路，需要干净的河流，需要新鲜的空气，需要花园和草地，尤其需要良好的教育。

第三，创造公平竞争的条件。政府要做公正的裁判，给所有人公平的机会，让竞争者处在同一条起跑线上。

第四，进行收入再分配。没有一个合理的再分配过程，就会富人越富、穷人越穷，就会激化地区与地区、阶层与阶层之间的矛盾。

既然市场在这么多地方失灵，那就只能由政府出面解决一系列问题，如消除经济中负的外部性、提供大家需要的公共物品、减少社会不公平等。那么，政府究竟在我们的经济生活中扮演什么样的角色？它又是怎样演好这些角色的？

首先说政府究竟应该做什么，什么是它该做的，什么是它不该做的。

政府的第一个作用是稳定经济。比如，2002年阿根廷发生金融危机后几天就换一届政府。为什么？就是因为国家的经济搞不下去了，不换人不行，谁上台也玩不转。日本也是，前些年稍不留神就换了首相。一届政府如果把经济搞得一团糟，老百姓绝对不会答应其继续待在台上。

所以，政府最重要的作用就是稳定经济。你看我国改革开放这40多年，很明显，政治上稳定，经济就发展得好。如果经济发展不好,我们的政治还能这么稳定吗?

政府的第二个作用是提供公共服务。上一章说过,这个社会需要大量的公共物品,有清澈的河流,有新鲜的空气,有绿茵芳草,有依依垂柳,还要有设施齐全的幼儿园、学校、运动场、博物馆、影剧院,甚至我们想去哪儿开上车就可以去。这些东西该由谁提供呢?当然是政府了,政府应该为社会多提供公共物品。

我们想一想,那些跨国公司为什么愿意把资金投到中国东部而不是西部呢?为什么它们把那么多的钱投到东部的珠江三角洲、长江三角洲,而不是更广阔的中西部呢?一个重要原因就是沿海发达城市公共物品多,那里生产、生活设施齐全,交通便捷,信息畅通,集聚效应显著。到那个地方投资无须修路就可以解决运输问题,这样就节约了很大一笔生产成本。有了规模经济,效率就高,利润就大。而且,如果那里的海陆空交通运输都发达,这些海外投资企业在东部生产一件商品和在西部生产同样商品在成本上就没有太大的区别。

所以,开发西部是我国发展的一项战略目标,我们要坚定不移地做下去。但也要看到,开发西部是一个历史过程。我国中西部将来一定会有大发展,因为那里劳动力便宜,有大量的土地资源,前景十分广阔。但是,吸引投资暂时还有一定的困难,因为东部地区已经具备了太多的公共物品,这是吸引外资的一个重要条件。由于东部地区富裕,有良好的公共服务以及大量的公共物品，资金才会向东部地区转移。中央政府认识到这一点，决定建立重庆经济特区，就是为开发西部做准备。

那么，如此众多的公共物品是谁提供的？这些道路究竟是谁修的？这些桥梁究竟是谁建的？还有港口、码头等一系列基础设施，这些都是国家提供的，地方政府承担了提供公共物品的责任。所以，一国政府一个重要的作用就是提供公共服务，如架桥、修路、教育、环保、国防等。你是否经常想，如果可以一直读书该有多好。当人们都这么想的时候，请问，谁来养活我们？每个人都希望自己多读书，希望自己的孩子多读书，但是读书需要钱，需要支付学费。如果一个国家经济强盛，教育完全由政府投资，这是一笔巨大的财政支出，因为教师的工资是国家发的，都是财政支出。政府的财政支出如果多一些给教育，我国的教育事业发展了，我们国民的素质就提高了，我们的国力也增强了，中华民族的未来就会更加光明。

如果说教育是软件，基础设施就是硬件。当我们铺好路以后，我们的经济轮子就会转动得更快，外资的投入也就更多了。当人民富裕以后，小城镇也就发展起来，我国的农村人口就能转移到城市里，于是第三产业跟着发展起来。我国政府靠发行国债修了很多路，修路为了什么？就是为了后面的经济腾飞。只有做好前面的铺垫，我们才能在高速路上飞驰。所以，政府才要提供公共服务。

政府的第三个作用是创造公平竞争的条件。作为政府，应该给所有人创造一个公平竞争的机会，让每个人都站在同一起跑线上。假如你的教学能力比我强，我就不需要站在讲台上；如果我的经营能力比你强，我可以做经理人，咱们之间可以公平竞争，每个人都能够发挥自己的长项。

政府应该创造条件，让不同性质的企业、不同的地区、不同的人都能享受同样的条件，在一个游戏规则下竞争，包括我国的税收政策和贷款政策，政府要为所有人、所有企业创造公平竞争的条件，这样中国的经济才有希望。

说到这里，我想问的是，我国有好几亿农民，农村的孩子和城里的孩子享受的是一样的教育条件和教育资源吗？他们是否站在同一起跑线上？那些进城务工的农民的孩子，何时能够走进城里的学校接受一样的义务教育？我国政府正在加大对农村孩子教育的投入。多一些财政拨款，多一些教育资源给他们吧！因为这件事关乎中国全民素质的提高，更关乎中国的未来。

所以，政府一定要为自己的人民创造一个公平竞争的环境，要让有才能的人去创造社会财富，让懂经营的人去做企业家，让会管理的人去做政府官员，让有知识的人去做学问，让社会全体成员都有公平竞争的机会。这是政府该做的事情。

政府的第四个作用是进行收入的再分配。上面我们曾经谈到，有些经济问题仅靠市场机制是不能解决的，市场只能通过价格机制去解决问题。只要有利润，大家就愿意去投资，就愿意去赚钱。但是，市场机制不能解决贫困人口怎么活的问题。有些人没有机会、找不到工作，有些人下岗了、失业了，还有些大学生刚毕业就找不到工作，他们没饭吃，该找谁呢？我们说，一个国家存在失业是正常的经济现象，企业破产、裁员并不是政府的过错。在产业结构调整的过程中，有些企业无法生存下去是因为它们失去了竞争力，产品卖不出去，生产成本早已高于市场价格，自然无法维持企业运转，员工只能失业回家。失业的人要面对这个现实。但是，作为政府该不该给这些人发生活费，该不该让他们有饭吃呢？当然应该！解决收入再分配问题是政府的重要工作。

所以，政府在经济生活中发挥的作用有四个方面：第一，稳定经济；第二，提供公共服务；第三，创造公平竞争的条件；第四，进行收入再分配。

来看一看德国。我在慕尼黑的地铁站里等车时看到一则广告："乘客们，请你们放心乘坐慕尼黑的地铁吧！你们知道吗？这个城市的地铁里，每天有5 000多名便衣警察在保卫你们的安全。"慕尼黑当时有上百万人口，地铁线路非常多，四通八达，每天要出动5 000多名便衣警察维持治安，他们是市政府出钱养活的。如果没有那么大的财力，国家没有那么强的经济实力，能有那么多人去从事这项工作吗？所以，公共服务这件事是由政府去做的。

关于公平竞争的问题，也举一个例子。20世纪90年代德国慕尼黑建了一个现代化机场，花了80多亿马克，修得非常好。不料，机场刚开始运营就出了问题，有人把机场和西门子公司一起告上了法庭。事情是这样的，因为慕尼黑机场所有工作用的计算机和大屏幕计算机，全是西门子公司赠送的，其他公司就告它违反公平竞争法。

最后原告赢了。因为人们这样问，在慕尼黑这么重要的国际化城市，在每天都有这么大客流量的地方，西门子公司用这么廉价的方式变相做广告，可以吗？它把计算机白送给机场，等于拿产品换广告。德国是一个公平竞争的社会，机场如果需要计算机，就应该向所有的公司公开招标采购。同样的产品，如果我公司的报价比你的高，我甘愿输给你；如果我公司的报价比你的低，机场就该买我的。被告之所以输了官司，正是因为触犯了公平竞争法。但是如何才能维护公平竞争，这需要政府去制定规则。

有人说，上面的例子谈的都是西方国家的事情。那么在我们中国，政府该做什么和不该做什么呢？

政府该做的事很简单，第一是避免负的外部性。凡是有负的外部性出现，政府就重重地罚，一直罚到不再出现为止，让全国人民都能喝上洁净的水，呼吸上新鲜的空气，吃上卫生的食品。第二是提供公共服务。我们一定要有路走，一定要有书读，一定要有文化，一定要有安全的环境。第三就是解决收入再分配问题，让穷人也能吃饱穿暖。

那么，我们政府不该做什么？政府不该进入竞争性行业去经商办企业，政府不能做这些本该由市场去完成的事。为什么？政府为什么不该进入竞争性行业？你想，如果政府非要做企业，那么别人还做不做？如果政府在某个行业中做，别人还能做吗？

我们说了，市场失灵有三个方面，政府应该在市场失灵的地方发挥作用，而不该投资办竞争性企业。明白了这些，我们就知道中国的政府机构今后应该怎样改革，政府的哪些功能应该加强，哪些功能应该弱化，甚至逐渐消失。政府为什么不能进入竞争性行业？如果政府进入竞争性行业，谁能跟它竞争？因为政府在制定游戏规则。

1957年，联邦德国总理艾哈德写了一本名为《大众福利》的书。书中提出一个观点：政府是裁判，它负责制定规则，在场上监督；企业是球员，它们上场踢球，犯规就被罚下。他说，政府是足球裁判，只负责制定规则，监督球员上场踢球的时候按规则去踢。规则是：如果裁判出示两张黄牌或一张红牌，这个球员就被罚下。企业是球员，任务就是上场踢球，看你是否有本事把球踢进球门。踢进去算你赢，踢不进去你就得甘愿认输，按足球规则去做。

请问，政府可以上场踢球吗？它可以既做裁判又当球员吗？如果政府有双重身份，这意味着什么？如果政府上场踢球，自己进球时犯规了它不吹哨，就算赢球；要是别人进球了它就吹哨判对方犯规，这样下去谁还能跟它玩儿？政府只做裁判，比赛才能公正进行；企业按规则踢球，比赛才好看。如果政府也上场踢球，秩序不乱才怪。所以，理论上政府只能做裁判，它不能叼着哨踢球，不能干着两份活儿与民争利。

我们说，政府的责任就是制定规则，让所有的人按规则行事，这样的社会才能有序，经济才能有效率，政府才能有精力去做它该做的事情。

我国现在既存在政府"缺位"的问题，又存在政府"越位"的问题。政府要制定规则，要监督，要提供公共物品，要办教育，要建立和维持社会保障，要解决环境污染等问题。而这些都存在政府缺位的问题，即政府没有钱搞好这些事情。但是，还有政府越位的问题。比如竞争性行业真的需要政府去办吗？市场本身能解决的事情，政府有必要做吗？如果政府去做了，那就叫越位。

政府的职能要适合市场经济原则，就是政府要从越位的地方退出来，把缺位的东西补上，这样我国政府才能做到高效、公正、廉洁，我国经济才能做到又好又快地发展。

简单总结起来，市场失灵的地方要由政府出面解决，市场能发挥作用的地方政府就不要去干预。而我国政府改革的目标，就是一定要做好裁判，让大家处在同一起跑线上公平竞争。

第七章

财政，财政，有财方能行政

政府要扮演如此多的角色，政府如果没有钱，怎能办成事呢？

因此，在任何国家，税收都是政府赖以生存的经济基础。没有财政收入，政府难以为继；没有财政支出，政府无法有效运转。总结起来，政府的财政收入来自四块：一是税收；二是债务收入；三是政府投资企业的收入；四是其他收入，比如出让土地资源、杂费等。

政府的财政支出分为两部分，一部分是经常性支出，包括三个方面：一是维持国家机器运行的需要，二是支持科学、教育、文化、卫生等公共事业的发展，三是建立和维持社会保障体系的运行。另一部分是建设性支出，包括两个方面：一是投资关系全局的基础设施的建设，二是投资大中型企业的建设。

面对如此众多的财政支出，难怪有财政部长这样讲："财政，财政，有财方能行政。"换句话说，财政，财政，政府没钱就寸步难行！

我们知道，政府在经济生活中扮演的基本上都是花钱的角色。政府要履行这些职能，需要有财力的支持。因为政府主要靠税收来养活，靠税收来维持运转。有了税收，有了财政收入，政府才有能力去行使它的经济职能。

说到政府用钱，政府的钱从哪里来，又用到哪里去？这就是我们要探讨的财政收入和财政支出。我们知道，财政收入大于财政支出，就会出现财政盈余；相反，财政支出大于财政收入，就会出现财政赤字。

当一国经济增长好的时候，政府的日子就好过；当一国经济增长缓慢的时候，政府的日子就难过。政府进入经济生活，一定得有收入。别的先不说，它要养活那么多政府工作人员，它的收入从哪儿来呢？

财政收入主要源于四个渠道。

第一是税收。这是最大的一块财政收入。任何一个国家,无论是发达国家还是发展中国家,政府的财政收入主要都从税收中来。税收的特点是强制性的,而且是无偿的。也就是说,政府在收税之后,是不需要返还的。

第二是债务收入。当政府的钱不够花的时候,它可以去借债。债务收入的原则是自愿的,而且要求政府还本付息。

第三是企业收入。国有企业还了银行的利息,缴了国家税款之后,剩有利润,应该交给国家的那部分,叫作企业收入,因为国有企业是国家出资办的企业。

第四是其他收入。比如,我国的国有森林、地下资源等,政府会有一些转让使用的收入等。

其中最核心的收入是税收,如企业上缴的增值税、营业税、所得税,每人上缴的个人所得税,还有关税、金融企业所得税等一系列税收。我国现在税收管理体制分为国家税和地方税两部分,国税归中央政府所有,地税归地方政府所有。

为什么要征税?这是一个非常古老的问题。一般人大概都不喜欢缴税,即使一国总理也不例外。比如赫尔穆特·科尔,他当联邦德国总理时政绩不错,在德国统一上做出了很大贡献。20世纪90年代初,他率团到中国访问,随团带来了100多位企业家,他们此行和中国谈成了很多笔生意。当他们回国时,所有的人都在飞机上兴致勃勃地谈论着这次跟中国做成的生意。

高兴之余，只见科尔总理在那儿低着头，他正在计算自己一年来消费所花的钱中有多少可以退税。因为在德国，每个人只要消费超出一定数额就可以退税了。他一边算一边嘟囔："唉！真倒霉，我这一年挣的钱都缴税了！"

你想，他是德国总理，税收政策就是他们定的，国家也是他们管的，税款更是他们去收的，征来的税还是政府花的，他竟然还抱怨税征得太高了。作为一国总理，他的收入高，要缴的税自然也就多。所以，政府的税收具有强制性，纳税是每个公民应尽的义务。

虽然大家都不太喜欢缴税，但是如果没有税收，国家怎么运转？也许有人问："政府为什么拥有收税的权力？"经济学理论到今天都解释不了这个问题。我们只能说这是一种社会契约，社会全体成员为了获得政府的保护，选择让它站出来，因为我们需要公共服务，需要公平竞争，需要制定规则，需要避免负的外部性等。公民自愿赋予政府这种权力，大家缴税，让政府来管理我们这个社会。

大家都知道，荷兰靠海上贸易起家，曾经在17世纪时特别辉煌，占据海上贸易霸权长达150年之久。但是没人知道，荷兰人竟然不愿管理自己的国家，荷兰商人只想赚钱，最后他们商量做出决定，委托英国政府代管荷兰，他们愿意出钱让英国人来管。这个故事说明，一个社会需要有人来管理，而政府管理国家是需要钱的,怎么办呢?政府只能靠大家缴税养活。

因此,税收是政府赖以生存的经济基础,没有税收,政府难以维持运转。所以纳税是每个公民的义务,如果大家都不纳税,政府就无法运行了。这就是为什么我国在向社会主义市场经济转型的过程中,一直在研究税收改革问题。因为政府需要收入,否则它将无法行政。

政府财政收入的增长主要取决于 GDP 的增长,GDP 增长了,税收才能增长;GDP 要增长,企业的效益就得提高;我们每个人的收入提高了,企业的效益好了,政府的税收自然就会增多。例如,我国在 20 世纪 90 年代,中央政府每年的财政收入只有约 1 300 亿元,2006 年我国财政收入已增长到 3.9 万亿元,2010 年我国财政收入突破 8 万亿元大关,2024 年我国财政收入约 22 万亿元,这是多大的变化。这一切都源于中国经济的增长。

那么,政府收入又是怎样支出的呢?我国政府的财政支出分为两部分:一部分是经常性支出,另一部分是建设性支出。

比如公立学校的教师,他们的收入从何而来?从政府的税收中来,是大家缴的税款养活了教师。大家缴税给政府,政府把这笔钱从财政部拨一部分给教育部,教育部拨给全国的学校,学校再给教师发工资。我们有约 200 万军人,有国家的公检法机构,有教育部门,有科技部门,还有庞大的公务员队伍,这些都需要国家财政去养活，都是政府给他们发工资。这些支出叫财政的经常性支出，就是每个月都要支出。例如，这月发给全国公务员的工资下月还得支付，一直支付下去，绝对不能停发。否则，没有人给政府干活，政府机构也就无法运转。

所以，财政的经常性支出是政府每年每月都必须向外支出的，而且是无法收回的。经济学理论讲，工资具有刚性。什么叫刚性？就是说工资只能涨不能降，除非出现了万不得已的情况。你看西方国家的公务员或者政府雇员，一听说要给他们减薪，就要闹罢工，谁都不愿意接受减薪的事实。经常性支出是政府财政支出中非常重要的一部分，我国政府每年的财政收入，绝大部分都作为经常性支出，拿去给公务员发工资了。

除了经常性支出，还有一块支出叫建设性支出。比如，我国很多大的项目投资，如修了京九铁路、建了三峡工程等。仅三峡工程的预算就2 000多亿元人民币，当然这些项目有的时候是靠发债进行的。但是，这毕竟属于政府财政资金的投入，属于建设性支出。政府建设性支出包括两个方面：第一，投资关系全局的基础设施建设；第二，投资大中型企业的建设。

常有人说，中国的财政是"吃饭财政"。财政一要吃饭，二要建设。我国政府的财政支出是先让大家吃上饭，然后拿钱去搞建设。所以，一定要分清楚财政的经常性支出和建设性支出。经常性支出就是每个月都必须支出的钱，如果财政没有钱，政府机构就无法运转。财政余下的钱才用来搞建设，如果钱不够，政府就通过发行国债的方式搞建设。

那么，政府在财政支出上有什么原则呢？不同的国家财政支出的原则是不一样的，一般说来有两种原则：一是效用原则，二是效率原则。

所谓效用原则，就是看把这些钱使到哪儿效用最大。政府如果现在有一笔钱，是用它给公务员涨工资，还是用它给贫困人口发放救济金，这就要看哪个效用最大，这是政府的一种选择。

另一个是效率原则，是指究竟把这笔钱投到教育上产出最大，还是投到国家一个基建工程上产出最大。这就需要比较它们之间的效率问题。前者叫作效用原则，它使社会效用最大化；后者叫作效率原则，它使投入产出的利润收益最大化。这两种原则在不同的国家都有使用，而且在经济发展不同阶段各有侧重。

我国财政支出分配涉及的其实是一个利益问题，是多给你一点儿和少给他一点儿的问题。政府想把利益分得合理是一件很难的事，这碗水政府也很难端得平。所以，财政支出上的问题就是政府在划分利益、切分蛋糕，任何一项改革财政支出的措施出台，都涉及把利益让给谁的问题，因此政府是很难处理的。

由于中国地区间不平衡问题的存在，政府应该逐步加大转移支付的力度，就是将富裕地区收上来的税款，通过财政转移支付到贫困地区，平衡我国经济的发展。当然，中央政府的转移支付也应当遵循既不伤害富裕地区创造财富的积极性，又不保护落后地区惰性的适度原则。2007年中央政府做出决定，免掉农村中小学生的学杂费，改由中央财政支付。

1994年，我国进行了一场大的财税体制改革。这场改革非常不容易，因为财税体制改革涉及利益的划分。改革对贫困地区来说当然是好事，可是富裕地区的人们会怎么想呢？他们说，我们刚有点儿钱，地方政府手头刚刚宽裕一点儿，就想给我们收走吗？我们说，如果富裕地区不愿意把钱交到中央，贫困地区有困难需要找中央政府解决的时候，中央政府又从哪里拿钱呢？这样就会出问题。一般来讲，任何一个国家中央的财政收入一定要占整个国家财政收入的60%以上，中央政府才有宏观调控的能力。否则，中央政府没钱，嘴张开说不出话，还怎么行政呢？大家都找你要钱，你找谁啊！

所以，1994年我国进行了财税体制改革。这次改革只改了如何增加财政收入的问题，没有改革财政怎样支出的问题。比如建立企业所得税、个人所得税制度，统一了内外资企业的税率等。而且实行了分税制，就是把税收的权限分开。改革之后，我国的中央财政和地方财政收入都在增加，国家宏观调控的能力增强了。

什么叫分税制呢？就是指中央和地方政府分开征税，一个是中央税，一个是地方税，还有一个是共享税。税收的人事权也分开了，国税局替中央政府收税，地税局替地方政府收税，形成两套税收班子。

此外，我国财政采取的是"复式"预算、分级管理的方法。什么叫复式预算？就是说，我们把经常性项目和建设性项目分开列预算。这样我们就可以看到，政府的财政赤字究竟是源于经常性支出还是建设性支出。如果赤字源于经常性支出，这样绝对不可以，因为这笔钱是要经常向外支出的，而且是无法收回的，如果出现支出缺口，是没有办法偿还的。采取这样的预算方式，就是为了加强对财政支出的管理。

这次改革明确了中央和地方财政的支出原则：中央政府承担全国性的支出，地方政府负责本地区的发展。以九年制义务教育这件事来看，应该由哪级财政来支出呢？我们说，中小学教育是由地方财政支出的。当地方财政支出不够的时候，中央财政再来补助。富裕地区因为政府有钱，所以办学条件就会好一些；贫困地区由于政府钱不多，就会有失学儿童，有失学儿童中央政府就得管。

还有，我国在采取分税制的时候，也界定了中央税和地方税的范围。当时的设想是，中央政府收那些好收的税，地方政府收那些难收的税。中央政府收的那些税由国税局完成，同时成立了地税局来收地方税。原则是这样的，比较大的税种由国家来收。什么是大税种呢？比如关税，还有金融企业所得税，这些都属于中央税。地方税包括哪些呢？比如营业税、个人所得税、车船税等。随着经济的发展和人们收入水平的不断提高，个人所得税越来越成为一个大税种。这一点早已被西方发达国家的实践证明，那些国家的个人所得税占税收的比重很大。现在中国的个人所得税也正在变成一个大税种。如果一个地区富裕，人们的个人所得税缴得多，地方政府的财政收入就会多一点儿，比如北京、上海、深圳、广州等，算是比较富裕的地区。如果大家收入高，地方财政收入多一点儿，地方政府日子就好过一点儿。

还有一种税叫作共享税，比如企业的增值税。企业增值税先全部上缴国税局，都交给中央政府，中央财政留下75%，然后返还给地方财政25%。证券交易印花税也属于共享税，原来中央财政与上海和深圳政府各占50%，后来改成了各占80%和20%。大家还是认为不合理，最后变成了中央财政拿88%，这两个地方的财政各拿12%。

以上大致反映了我们的税款是怎么收上来的，也大致反映了中央和地方在税收利益格局上的安排和原因。我国现在的财税体制改革就是要改革财政支出，让我国的财政支出变得更合理，更符合各方的利益，更能调动地方政府的积极性，更能缩小各地区经济上的差距。

虽然我国财政收入这些年来增幅很高，政府口袋里的钱越来越多，但是我国中央财政的支出每年都在涨，几乎每三年半就翻一番，支出远远大于收入，财政上的困难也非常多。政府的财政支出一旦大于收入，就会出现财政赤字。财政出现赤字怎么办？政府用什么办法去解决呢？这正是下一章我们要讲的问题。

第八章

财政赤字和国债

政府在收入少、支出多的时候形成的差额，就叫财政赤字。一般来讲，当一国财政出现赤字的时候，弥补赤字有两种办法：第一是透支，第二是发行国债。

透支，是当财政没有钱支出的时候，中央银行向财政部的账户上划款，央行开动印钞机印钞票，这可能会引发通货膨胀。

发行国债，是政府通过发债获得资金，用于基建投资和重大技术改造项目，通过加大政府支出这一块拉动经济增长；再用经济增长中获得的更多税收，赎回当初向人们出售的债券，还上政府借的钱。这样，政府不需要多印钞票还账，也就不会造成通货膨胀。但是，如果国债的发行规模超过了一定的限度，政府无力偿还，那就有可能出现政府的偿债危机。

因此，了解一国政府是如何处理财政赤字问题的，就会了解它是不是一个负责任的政府。同时也可以了解，我们是否生活在一个相对安全的金融环境里。

政府的钱袋子由谁来掌管？财政部。政府要花钱从哪里支出？财政部。如果一个国家很强大又很富裕，它的政府、它的财政部也一定很富有吗？一国政府有没有缺钱花的时候？政府缺钱花的时候怎么办？它会不会开动印钞机加印钞票呢？我们来谈一下，政府在缺钱花的时候，也就是政府在出现财政赤字时怎么办。

政府财政收入少而支出多的时候就会出现财政赤字，就是说政府的支出大于收入，形成了一个差额。相反，政府财政收入多而支出少，也会出现一个差额，那叫财政盈余。但是，当今世界各国，财政盈余的很少，绝大多数国家出现的都是财政赤字。

财政赤字怎么计算？用财政收入减去财政支出，如果是负数，那就是财政赤字。国际上衡量财政赤字有两条警戒线，第一条警戒线是财政赤字占 GDP 的比重不能超过 3%。一旦超过，就会出现财政风险。例如，我国 GDP 总量在 2010 年时是 39 万亿元人民币，39 万亿元的 3% 是多少？就是近 1.2 万亿元。如果我国的赤字突破了 1.2 万亿元，它就超出了警戒线。如果一个国家有 100 万亿元的 GDP 总量，但财政赤字达到 5 万亿元，那么它超出了警戒线很多，就比较危险了。后面会讲到如果超出这条警戒线意味着什么。

还有一条警戒线：政府的财政赤字不能超出财政总支出的 15%。我们说了，政府的钱不够花，可以去借债；钱再不够花，还可以去借债。但不能欠债太多，一国政府的财政赤字不能超出这个百分比。如果赤字超出财政总支出的 15%，说明赤字太大了。

这两条警戒线是国际上通行的标准，第一条警戒线要看一下一国的财政赤字占 GDP 的比重是多少。当我们看到美国财政赤字很大的时候，同时要想到它的经济总量有多大。我们要想到的是一个相对数，它只要不超过 GDP 的 3%，问题就不大。

我们再看欧盟国家。刚开始时有 12 个国家加入了欧洲货币联盟，使用欧元，后来又有 15 个国家加入欧盟。在这 15 个国家加入时，人们就担心，说这些国家的财政赤字不能太大了。如果财政赤字太大，说明这个国家财政上有问题，那么它的经济就不稳定，这样就有可能拖累整个欧盟经济的发展。果然不出所料，欧元区国家在 2010 年出现的欧债危机，就是有些国家财政赤字太高，借债规模太大，希腊、西班牙、葡萄牙、爱尔兰、意大利等国家的赤字和债务就远远超过了警戒线。所以，要加入欧盟，有很多经济指标方面的要求，而财政赤字的警戒线是最基本的要求之一。它要求一国的经济状况起码是安全的。

那么，当政府出现了财政赤字，怎么来弥补呢？我们知道，一国政府在每年年初，比如我国在"两会"（全国人民代表大会和中国人民政治协商会议）期间，政府要做一个预算报告，计划这一年财政收入多少，财政支出多少。如果计划财政收入少、财政支出多，那就会出现赤字，这在政府的预算中已经表现出来了。比如，我国 2010 年的财政赤字是 1.05 万亿元人民币，这就是我国政府的财政赤字。那么，政府在公布了这个赤字后怎么办呢？一般来讲，当一国的财政出现赤字的时候，有两种解决办法：第一是透支，第二是发行国债。

我们先看第一种弥补赤字的方式——透支。什么叫透支？就是财政部在银行里有一个账户，就像我们每个人在银行有个账户一样，你只能取你存进银行的钱，如果取完自己的存款还不够，想让银行借给你钱，那就等于你的账户上要出现"红字"，即负数，这叫透支。一国财政也会出现这样的情形，例如，2010 年财政赤字 1.05 万亿元，但政府的钱远远不够花，怎么办呢？它可以直接让银行往自己开的那个账户上划款进来，因为财政需要支出。政府让银行直接给财政部在银行开的账户上划款，让财政部去花，这种行为就叫财政的透支行为。政府为什么这样做呢？它是不得已的，因为它需要给公务员发工资，它需要支出所有应该支付的费用。没办法，它只能到银行去取钱，这叫财政的透支。

但是，用透支的方式解决财政赤字是不可以轻易使用的。因为这样做会出问题。银行有钱吗？银行如果把钱给政府花，那么银行里的钱又是谁的呢？银行是动用储户的钱借给政府去花，如果储户去取钱的时候银行没钱给他们行吗？银行不能随便把存款借出去，因为储户和银行之间有一个契约：储户随时可以取出自己的钱。如果钱都被财政拿走了，储户提不出钱，那么银行就要对这件事负法律责任。

当政府的钱不够花的时候，财政部去找银行透支，银行把钱借给了政府，政府就等于把储户的钱拿走花了。实际上，储户的钱还在自己的账户上记着。如果是这样，大家就想，没关系，让政府先借着花吧。但是，政府花了这笔钱以后用什么来还呢？它拿什么来堵上这个洞呢？政府可以寅吃卯粮吗？到最后，政府不得不开动印钞机，加印钞票来堵上这个洞。

因此，透支行为就意味着将来迟早要加印钞票，而绝对不会动储户的存款。我们所有的储户，每个人存在银行里的钱还都在自己的名下。尽管在微观上这些储户的钱没有被拿走，但是在宏观上却捅了一个洞，如果财政每年出现赤字都要到银行去透支，最后就会形成一个无底洞，到时政府没办法还钱了，只能印钞票。这意味着一国开始通货膨胀了。

什么是通货膨胀？通货膨胀是指物价水平普遍而持续地上升。也就是我们通常说的，钱越来越不值钱了。虽然财政没直接从大家的账户上提钱，但是政府为了堵上这个洞开动印钞机之后，货币的供应就平白多出来了。再讲简单一点儿，比如，原来全社会有1万元的货币，就有1万元的商品，这1万元的货币就能买到1万元的商品。但是现在政府为了堵上它当初借款的洞，不得不多印出来1万元。可是，商品的总量没有变，还是那么多。因此，加印钞票以后，商品总量还是原来1万元的量，但货币的总量变成2万元了。这意味着现在2万元只能买到原来1万元的货了；或者说原来1万元的货现在能卖到2万元了，这就表现为商品价格的上升。实际就是人们现在手中的钱不如以前值钱了。

对储户来讲，他们的劳动没有少付出，他们存的钱是多年节省下来的，等他们取出钱的时候已经买不到原来那么多的商品了。那储户愿意吗？老百姓愿意吗？肯定不愿意！所以，政府不能轻易从银行透支，因为迟早要面临印钞票堵漏洞的困境。如果这样做，通货膨胀就会悄悄产生。因此，一国财政有困难去找银行透支，如果银行同意政府这样做，实际上就是变相把老百姓手中的钱悄悄塞进政府的口袋里，这使得人们手中的钱变得不值钱了，就是货币贬值了。

既然这种方式有很大的弊端，对一国经济的长远发展如此不利，那么，还有没有更好的办法解决财政赤字问题？

我们说，有！那就是发行国债。目前世界各国政府都这么做，发债是一种通行的办法。发行国债，就是在一国财政有赤字的情况下，政府不去找银行透支，而是公开发行债券，让人们自愿掏钱来买。政府从公众手上通过国债形式借到资金以后，去搞基础建设，去投资大型国企的技术改造，提升整体经济竞争力，从而带动整体经济的发展。

比如，我国政府今年有财政赤字，准备发行国债，它就明明白白地告诉大家，政府要发行多少国债，期限多长，利息多少，每人自己决定买不买和买多少。用这种方式解决财政赤字就比透支要好。为什么呢？大家去买国债的时候，用的是自己没有花的钱。国债是政府借你的钱先去花，反正你现在也不用这笔钱，就拿出来买国债吧，而且国债利息比银行存款利息高，还不收利息税。换句话说，政府借大家的钱花，并不会因此增加货币总量。也就是说，全社会货币的存量没有增加，还是原来那么多。政府出售债券获得资金，用于基建投资，通过加大政府支出来拉动经济增长，再从经济增长中获得更多税收，用来赎回当初的国债，还上向大家借的钱。这样，政府就不用去多印钞票，也就不会造成通货膨胀了。

通过比较我们会发现，如果政府出现了财政赤字找银行去透支，银行是没有办法的，因为在我国还是国有商业银行占主导地位。但是商业银行里的每一笔钱都是有数的，都是储户的存款。如果商业银行没有足够的资金支付给储户，政府就只能去印钞票了。政府如果去发行国债，就不会增加货币供应总量。政府把大家的钱先借来花，通过国债的形式承诺，将来政府还给大家的钱比把钱存在银行还要多一点儿。所以，现在世界各国政府一般都采取后一种方式，即发行国债来解决财政赤字问题。

财政赤字对经济的影响是什么呢？凯恩斯曾经这样说：一国财政出现赤字，可以通过发债来拉动经济。这样做对经济有没有拉动作用？应该承认，它对经济增长确实有拉动作用。但是，作为一国政府，是否可以总靠发债来拉动经济增长？政府可以这么做的前提是，政府用国债投资的项目赚回的钱将来能够把这些债还上。因为国债作为财政收入的一部分，是要还本付息的。如果政府还不上这些债务，雪球就会越滚越大，最后靠什么来还呢？如果是发债的方式，利息由谁来承担？政府要还上这些债务，说到底最后还是要由纳税人来负担，这一代人的税款不够还，下一代人还要接着还。因为这是政府欠的债，只能靠我们去增加生产、增加 GDP、增加财政收入来还。政府发行的国债，实际上是把将来的钱拿到今天来花。所以，今天的债务就是明天的税收。

尽管如此，政府调控经济仍是一手用财政政策，一手用货币政策。如果现在货币政策的传导机制在我国向市场经济的转轨过程中还不够顺畅，政府就要在财政上多动脑筋，用财政政策调控经济，要么减税，要么增加政府支出。在减税难度很大的情况下，靠发行国债来增加财政可支配资金，从而加大财政支出，便成为政府一个无奈的选择。就算政府知道发债是在花将来的钱，但是基于国家经济良好的发展前景，政府有信心通过经济增长增加税收，最后在合适的期限内安全地把这些债务还上。

究竟为什么会产生财政赤字呢？怎么收上这么多的税还不够花，还要发债呢？我们知道，政府的收入主要来自税收，税收源于效益好的企业缴纳的企业所得税，源于每个人缴纳的个人所得税等。如果企业效益不好，就缴不上企业所得税；如果个人收入不高，就缴不了个人所得税。即使企业效益好，个人收入多，财政收上来的钱很多，可是政府支出的项目更多，财政负担很重，比如它要管军队、教育、国有企业，还要管国有银行，要养活公务员，维持政府机构的正常运转。

不说别的，如果按 2010 年每人每年 5 万元的收入计算，光政府机构养活的公务员每年就需要十几亿元的工资。政府还要办基础教育，还有警察、军队、公检法等一系列机关。政府需要支出的地方太多了，它的负担太重。它的收入永远赶不上支出，当然会产生财政赤字，政府也没办法。面对这种情况，政府要设法获得更多的资金，就只能用发行国债的方式来解决赤字问题。

说到国债，什么叫国债？政府发行的债券就是国债。在西方国家，企业也可以发债，那叫企业债券。我国现在发行的债券绝大多数都是国债。国债是政府的债务，由政府负责偿还。政府的债券又包括内债和外债。我国政府现在更多情况下借的是内债，外债很少，所以我国政府的债务风险不大。政府只是把国内老百姓暂时不用的钱先借来花，先把经济发展起来，然后还钱给大家。我们如果借了很多外债，就有可能面临更多的问题。就像在1997年的亚洲金融危机中，很多国家因为还不起外债，实际上政府已经被逼到要破产的境地。此外，我国政府即使借了外债，大部分也是长期的，要好多年之后才偿还，到那时候我国经济早已发展起来了。

所以，国债有内债和外债，还有短期、中期和长期国债。我国政府在外债上发行的是长期国债，在内债上发行的是短期、中期和长期国债。但是，也不能不看到我国债务上存在的问题。我国在20世纪80年代初，每年发行国债的规模只有50亿元人

第八章　财政赤字和国债　　　103

民币。20多年后，每年的发债规模上升到3 000亿~4 000亿元人民币，2008年美国爆发金融海啸后，我国发行国债的规模加大了，2009年我国发行国债1.6万亿元，2010年国债规模接近2万亿元，2024年国债规模已达12.4万亿元。为什么？以前政府发的20年或30年的长期国债，现在已经逐渐进入还债期了。政府现在发的国债不仅要弥补当年财政的赤字部分，还要加上到期国债还本付息的部分。我国的国债也开始滚雪球了，就是借新债还旧债。

财政出现了赤字，发行国债在所难免。但是我们也应该看到，尽管发行了如此多的国债，我国政府还是可以挺着胸脯向全世界说：中国政府做了这样一件事，当财政有赤字的时候，我们采取了发债的方式，而没有采取透支的方式。如果政府要悄悄地用透支的方式弥补赤字是非常容易的。但是中国政府并没有那样做，它公开告诉大家，我有多少赤字，我现在准备发行多少国债，我准备向你们借钱，而且告诉你们国债是5年期的、10年期的还是30年期的，到时我会还给你们。债息高于银行利率，你们可以去买，也可以不买，我不强制你们买。

所以，我国政府是一个负责任的政府，它通过发债的方式解决缺钱的问题，没有让我们手中的钞票过快贬值，人民币还是足值的。尽管我国的经济可能有这样或那样的问题，但在这件事情上，中国政府做得非常好。近年来，一些国家政府在本国出现金融动荡、经济危机、债务危机的情况下，没有办法就悄悄发钞票，悄悄地透支，甚至不惜造成恶性通货膨胀，把老百姓手中的钱悄悄弄进政府的口袋。美国在2008年金融海啸爆发后，就公然用发钞的方式解决救市问题，带来的后果不堪设想。而且美国2024年国债规模已达36万亿美元之高。

20世纪90年代，俄罗斯政府把经济搞得一团糟，没有钱，总在用发钞的方式解决经济问题，造成卢布大幅贬值，俄罗斯原来的中产阶级都变成了无产者。后来，俄罗斯政府开始发国债，可是它发国债不是用于经济建设，而是拿去给政府的公务员发工资，寅吃卯粮，结果造成1998年俄罗斯债券市场危机，卢布大幅贬值，经济倒退。由于没有能力还上外债，在国际金融市场也失去了信誉。俄罗斯的教训值得吸取。

中国政府这些年来也发行了不少国债，可我们发债是去搞基础设施建设，修了高速公路，提供了很多公共物品，为中国经济的腾飞建好了快车道。

这就是为什么有那么多外商愿意到我们这里投资，因为中国政府为它们提供了一个良好的外部环境，还有一个巨大的潜在市场，这些都构成了未来中国经济提速的重要条件，而这些优质资产正是政府发行国债的产物。

财政的核心问题有四个：一个是税收，一个是债务，一个是收入，一个是支出，这些都是政府调控宏观经济的财政政策。

第八章 财政赤字和国债

以上所说的是财政的赤字与国债。作为市场经济国家的政府，调控宏观经济还有一个更重要的手段，那就是货币政策，下面我们将带领大家探讨货币信用、金融市场、中央银行、股票市场等问题。

第九章

银行是如何创造货币供给的

谈到政府、财政、经济，都会涉及钱。说到钱，自然会想到银行。大家通常认为我们手中的钞票是印钞厂印出来的。其实很少有人知道，货币供给是银行通过信用活动创造出来的。

为了确保存款人提款的安全，现代银行体系都有法定准备金制度。比如，法定准备金率是10%，一个储户存入商业银行1 000元，该银行就必须把其中100元缴存到中央银行，它只能贷出去900元。贷到款的人如果再把这900元存入银行，该银行必须继续将其10%即90元缴存中央银行，而只能再贷出810元。如此下去，最终市场上的货币供给量将从开始的1 000元变成最终的1万元。货币供给就是这样被成倍地放大从而导致经济增长加快的。

明白了这一点你就会知道，现代社会经济与银行之间已经形成了环环相扣的紧密联系。这时你才会明白，如果有人不断把存款从银行提出来藏到自己床下，经济将会产生怎样的灾难。

现在，我们每个人对银行都已经太习惯、太熟悉了：取工资要去银行，存钱要去银行，急需钱要去银行，做生意贷款要去银行，企业有大笔资金往来更需要银行帮助打理。今天谁还离得开银行？

居家过日子，你也许会觉得没有银行对你来说没什么关系，大不了找个箱子把钱藏在床下面。可是，经商办企业要离开银行可就有点儿难了。就算你的企业不向银行借款，那大量资金往来怎么办？但好像也不是离了它就完全不行。人们有这些想法其实也没有错，因为这是从微观角度思考问题。我们如果从宏观角度多了解一点儿银行，了解银行的产生过程，知道现代银行是如何创造货币的，就会知道今天的经济运转是一环扣一环的，就会知道如果我们都把钱藏到床底下将意味着什么，就会知道现代社会离开银行几乎无法运转。银行已经深入社会经济生活的骨髓，渗透到我们的毛细血管中，左右着我们的生活。银行已经成为一国经济生活的神经中枢，成为我们生活中不可缺少的一部分。

银行是怎么产生的？银行是在货币的基础上产生的。那么货币又是怎么产生的？货币是人们因为交换的需要而产生的，像人民币、美元、欧元、日元、英镑等都是货币。货币，也就是我们大家熟悉得不能再熟悉的钱。但从经济学的定义上搞清楚什么是货币，货币到底有什么用处，对我们理财能力的提高仍然很有帮助。

货币的第一个职能是作为交换的媒介。我们每个人身上或多或少都要带些钱，用来购买商品和服务。货币就是交换的媒介，没有它，这些交换几乎是无法完成的。

货币的第二个职能是作为价值贮藏的手段。也就是说，一种货币在一定时间内必须能够保值。否则人们将不要这种货币，宁愿把它换成商品或其他国家的足值货币。如果你有钱，你就会想以什么方式让你的钱保值或增值。你是保留人民币，还是收藏黄金或者古董什么的？如果你可以自由兑换货币，你是愿意要人民币，还是愿意换成美元或欧元？你会考虑拿着哪种货币更保险、更足值。因此，货币必须具有价值贮藏的职能。

货币的第三个职能是作为计量单位，也叫价值尺度。你到商场买东西，不同的商品有不同的价格，相同的商品在不同的商店价格也不同。例如，一台笔记本电脑如果放在专卖店，价格可能会贵一些；如果在大型超市里，价格可能就会便宜一点儿。我们用什么来表现这种不同的价格呢？用货币。也就是说，货币是一种计量单位，如果没有货币，商品和服务的价值就没办法比较。

货币的第四个职能是作为延期支付的手段。假设你经营一家制造厂，但现在的经济环境已经是买方市场，向你供货的原材料厂商太多了，选择的主动权在你手上。这时候你告诉供应商："你先把东西放下，两个月后我再付钱给你。"为什么这样呢？因为你的产品送到商场，商场要把你的东西卖出去才给你钱，拿到了钱你才能把欠原材料厂商的货款还上。这是一种商业信用行为，在我们的经济生活中比比皆是。之所以能够相互赊欠，是因为货币具有延期支付的职能。

什么叫货币？我们说货币就是同时具有四种职能的物品：第一，交换媒介；第二，价值贮藏；第三，计量单位；第四，延期支付。只有同时具有这四种职能才能成为货币，缺一种都不叫货币。从表面看，这是一些理论知识，但只要你理清思路，仔细想想，其实货币的每一种职能都在告诉你一条理财的思路：怎样使你手中的钱保值，变得更值钱，还能赚更多的钱。这可是一门不小的学问。

货币所具有的延期支付职能在人们之间产生了商业信用，

出现了相互赊欠的行为。随着信用行为的增多,在大量信用的基础上,一个从事货币存贷业务的中介机构出现了,它让人们都遵守信用制度,这个中介机构就是银行。银行的出现在更广泛的基础上创造了信用,使人类社会加快了发展的脚步。

银行是人们理财的中介机构,储户把钱存入银行,可以获得一定的利息收入。那么银行凭什么付给储户利息呢?为什么储户取出的钱要比原来存的多一点儿呢?因为储户把钱存入银行以后,银行又用更高的利息把它贷出去,让那些借款人去赚钱了。当他们把钱还回来时,付给银行的利息要高于储户的存款利息。银行就是靠高贷低收,从中赚取差价生存的。当然,现代银行已经有了更多的金融服务功能和更多的收入渠道。

但我们要抓住最根本的东西:在现代社会,货币供给是由银行创造的。这一点大家很难理解,所有人都要问,我们手中的钱难道不是印钞厂印出来的吗?银行怎么能创造货币供给呢?现在就让我们来看看银行究竟是怎样创造货币供给的。

当储户把钱存进银行的时候,银行不可以把这些钱全部贷出去,因为如果银行把全部存款贷出去,当储户取钱的时候,银行就没钱支付了。银行当然希望贷出去的钱越多越好,因为贷出去的多,收回的贷款利息就多,银行的盈利就高。可是当大家都去取款的时候,银行没有钱意味着什么?所有的储户都会恐慌,他们全跑到银行去提钱,就会发生挤兑现象。因此,各国中央银行都规定了一个法定准备金率，即商业银行不能把储户的存款都贷出去，必须按比例留下一部分作为准备金，强制性存入中央银行，以便储户提款时银行有钱付给他。

那么，银行到底应该留多少准备金呢？它只能准备一部分，不可能把存款全部作为准备金，否则银行还怎么赚钱呢？银行是靠存款和贷款之间的利息差来生存的。不同国家规定的中央银行法定准备金率是不同的，即使同一个国家，不同时期的规定也是不同的。如果中央银行规定法定准备金率是10%，就是说储户存了100元，商业银行必须把其中的10元缴存到中央银行；如果准备金率是20%，商业银行就必须缴存20元，这就是法定准备金。

我国的商业银行也要缴存法定准备金。当储户到某家银行去取钱时，银行一定得有钱给他，银行要是没钱，就得去中央银行或者找其他银行拆借，无论如何得兑现储户的钱，这是银行的信用。银行为什么能找中央银行借钱呢？因为它在中央银行存放了法定准备金。

好了，现在我们来看银行是怎样把钱创造出来的。假设我国的法定准备金率是20%，一个储户将1 000元存入中国工商银行，中国工商银行必须把200元留下交给中央银行——中国人民银行，它就只能贷出800元了。有个人正好去中国工商银行贷了800元，他要买一台录音机。到了商场，他把钱交给柜

第九章　银行是如何创造货币供给的　　　　　113

台，商场又把这800元存入它的开户银行——中国农业银行。当农业银行收到这笔钱的时候，这800元钱不能都贷出去，必须把其中的160元上交中国人民银行，它只能贷出640元。这时正好有人想买个复读机，去农业银行贷款，当他贷到640元后，到一家超市买复读机时把640元交给收银台，这家超市又把这640元存入开户的中国建设银行。建设银行接到这笔钱后，还要把20%的法定准备金交到中国人民银行，它只能贷出512元。如此下去，储户的1 000元存款通过银行系统不断的存贷而被放大，最后变成了多少钱呢？在账面上银行新增存款是5 000元，新增贷款是4 000元，货币总量增加了5 000元，法定准备金是1 000元。通过这个例子你就可以知道钱是怎么从银行创造出来的。中央银行并没有多印一张钞票，钱怎么就多出来这么多呢？就是银行通过信用活动创造出来的。所以，商业银行具有创造货币供给的功能。

最初的1 000元是储户存进去的。然后每发生一次存款行为，银行都要把法定准备金交给中央银行，如此下去。初始的1 000元放进银行并没有增加货币总量，只是该储户的现金变成了活期存款形式。但是后来银行存款的总量陆续增加到5 000元。而储户原始的1 000元到哪儿去了？都进中央银行了，成为法定准备金。这个过程说明了什么？这个过程创造出多少货币？货币供给增加了4 000元，货币总量增加到原始资金量的5

倍，这个例子假设的法定准备金率为20%。如果法定准备金率是10%呢？就是10倍，初始的1 000元会变成1万元。要是5%呢？就是20倍，初始的1 000元就变成2万元。这时候我们就看清楚了钱究竟是谁创造出来的。现代社会流动的资金是在银行创造的，银行通过什么来创造货币呢？它通过信用创造了货币供给，这些货币叫信用货币。我们日常用的钞票确实是印钞厂印出来的，但是作为全社会的货币供给，却是银行通过信用创造出来的。

只有通过银行的信贷活动创造的新的存款，才是现有货币量的增加。所以，当大家把钱存进银行的时候，经济就可以开始加速了。因为你把钱放进银行，银行把它贷给别人，别人再放进银行，银行接着贷出去。就这样，一笔钱一直这样存贷下去，货币供给量可能成倍地增加，经济规模和增长速度可能被成倍放大。这就是所谓的"乘数效应"。

这听起来像是个数字游戏。但是仔细想一下，当我们每个人真去银行取钱的时候，银行应该有钱，我们应该能取出来。是的，因为这并非纯粹数字的虚增，而是在每个环节上都有新的财富被创造出来。到银行存钱的人，他是从哪里得到这笔钱的？因为他销售了产品，为别人提供了服务，获得了报酬。而那些从银行借钱的人，最终也要通过自己的经营活动获得利润，才能再把钱还给银行。所以，这里每个环节都在创造财富，都在增加财富。那么银行通过信用机制创造货币供给，也是实实在在的。

因此，银行的信誉越好，它创造货币供给的能力就越大；一国的法定准备金率越低，银行创造的货币供给就越多。这就好比一个货币水龙头，当法定准备金率降低时，水就会流出来；当法定准备金率提高时，资金之水就开始被抽走。明白了这一点，你就会知道为什么中央银行调整法定准备金率会发挥出很强的调控宏观经济的作用，可以牵一发而动全身。我们还能明白，现代社会的经济是一环一环扣在银行身上而加速运行的。当有一天大家都不到银行存钱，或者都把钱从银行取出来放到自己床下藏起来的时候，整个经济的链条就断掉了。

你看，在微观上行得通的事情，在宏观上也许就会导致一场灾难，最后的结果很可能连藏在床下的钱也不值钱了。因为那时的经济可能早就瘫痪了，物价已经涨到不知哪里去了。这是因为，我们社会的货币供应是在银行循环往复的存贷过程中被创造出来的，信用一旦崩溃，犹如电路掉闸，整个经济生活都会陷入一片黑暗。

第十章

信用是经济运行的基石

如果有一天一个人去一家银行取钱，银行没有钱支付给他了，银行有可能因为对一个储户失去承兑的信用而引发信用危机。因为信用的缺口一旦被打开，紧跟着就会有越来越多的人不相信这家银行，人们开始集体涌到银行去提现。要知道，储户是有权随时提取存款的，但银行贷出去的钱却不可能随时收回。

　　从理论上讲，再好的银行也难以承受挤兑。因此，一个国家一旦发生经济萧条、信用丧失、银行挤兑，就可能迅速蔓延开来。如果这时政府不加大货币供给量进行抢救，银行就有可能连环倒闭，引发通货膨胀，使经济陷入恶性循环，甚至最终导致政府破产。这一切在亚洲金融危机和阿根廷金融危机中都清晰可见。

　　银行因失去信誉而破产是件非常可怕的事情。因为银行破产首先打掉的是人们对金融制度的信心，进而动摇人们对整个经济的信心。失去信用的经济，将随时面临灭顶之灾。

中国经济走到今天，大家常常感觉到的是现在社会的信用不足。企业之间相互拖欠已经成了一种习以为常的经济现象：你欠我，我欠他，三角债问题一度非常严重，经济运行处处卡壳。相反，注重信用的企业发展得就不一样了。

美国的沃尔玛公司多年居世界500强之列，但该公司只经营超市。起初，它是一对美国夫妇在四五十年前开的一家零售商店，就这么一家小小的商店如今竟然发展成为一家大的跨国公司，一个跨国的超级市场。人们不禁要问，一家超市怎么能发展壮大得那么快呢？

沃尔玛公司1995年进入中国的时候，公司的中国区总经理这样说，他们的目标是让沃尔玛超市占领中国市场。他之所以这样说，是看准了当时我国市场经济的信誉不足。而它的营销方式是一手交钱一手交货。只要厂家把货送来，它就把货款付给厂家。当然，沃尔玛模式也不是在哪儿都能成功，它在德国就没有成功，因为德国的超市相当发达，信用制度也发达。后来，随着竞争的加剧和环境的改变，沃尔玛也在调整付款政策，但这个例子只是从一个微观的角度说明，在我国经济发展的过程中，信用是一件非常重要的事，它已经成为经济运行的基石，而且信用的重要性尤其体现在金融领域。

对一个国家的银行体系来说，信用就更重要了。我们几乎可以这么说，银行是在信用的基础上产生的，没有信用，谁敢把钱存进银行？没有人存钱，银行拿什么去放款呢？尤其是在现代社会，银行在更大的基础上创造了信用，它在不断创造货币供给。我们可以想一下，现代社会如果离开银行系统，还能转动吗？银行为我们每个家庭、每家企业、每个城市的政府乃至国家都充当了出纳的角色，它已经成为经济生活的神经中枢。我们可以看到，世界上发生了那么多金融方面的问题，大多数的危机都来自银行。不管什么原因，只要人们从银行取不出钱来，或者银行没有钱支付给储户，那就会出大乱子。人们开始集体到银行去提现、去挤兑，银行就要面临破产。政府去抢救，加大货币供应，又会引发通货膨胀，甚至导致政府破产等一系列灾难的发生。

在当今世界，有的国家和地区甚至在很大程度上是靠银行发展起来的。比如瑞士，还有一个就是中国的香港特别行政区。

你如果到香港走一走就可以看到，街上的银行比米铺还多。你到中环，看到的高楼全是银行，每家银行又开了好多支行。世界上很多大银行都在香港开分行，亚洲的钱、世界各地的钱都在香港这个国际金融中心运转着。因为香港是一个自由港，是中国的一个特别行政区，人们相信在这里可以自由支配和运作资金。

我们再来看瑞士，这个国家不大，它的主要产业是钟表，但更重要的是它的银行体系。为什么人们相信瑞士的银行而不怀疑它的信用呢？因为瑞士是永久中立国，人们不用担心大笔的钱财存在那里会由于激烈的国际冲突而损失，银行不会为了卷入外国政治而牺牲自己客户的利益。另外，瑞士银行有全世界最严格的客户保密协议，人们不用担心资金的秘密被泄露出去。当然，瑞士还有相对充足的黄金储备。这一切只是说明，人们有充足的理由相信它。这样就有数不清的巨额资金被存进瑞士的银行，很简单，就是因为它们可靠。

看到瑞士的永久中立国制度、存款保密制度和充足的黄金储备，我们就会想到，银行信用最终是要靠各种健全的机制来保障的。前面谈到的存款准备金，实际也是一种信用保障机制。当所有的银行都缺少资金的时候，储户会去挤兑，银行就会面临恐慌，有些银行就会破产。20世纪30年代的美国就是这样，从1929年开始的4年间，有9 000多家银行倒闭，出现了很多挤兑现象，美国乃至全球经济陷入了长时间的大萧条。于是美国在1933年建立了联邦存款保险制度，就是要求所有银行上保险。法律不允许储户取款时银行没有钱支付，因为银行倒闭储户利益就会受到损失。

防范银行风险、建立健全的信用机制，是非常重要也非常困难的事情。有时候即使是有严格的制度规范，也难免会出现意外。我们看一个很有启示意义的例子，英国的巴林银行作为全球最古老的银行之一，曾经是英国王室和贵族最为信赖的信用机构。虽然它有200多年的经营历史，却仍没有逃过破产的结局。而最令人震惊的是，造成这个结局的只是银行里的一个违规操作的交易员，名叫尼克·里森。

里森1989年进入巴林银行，1992年担任巴林银行新加坡分行总经理。他在新加坡从事期货交易，期货交易员难免会在交易中出现一些错误，因此他们一般都会开设一个特殊账户，暂时存放那些错误的交易，等待适合行情出现时再挽回损失。但是，这个账户在里森手中被改变了用途，他开设虚假账户挪用客户资金，用以掩盖损失。没想到窟窿越盖越多，越补越大，到了无法收拾的地步。里森利用欺骗的手段，最后竟然使巴林银行蒙受了8.6亿英镑的巨额损失，并最终导致了巴林银行的崩溃和倒闭。1995年2月23日傍晚，已经赔光了整个巴林银行的里森踏上了逃亡的旅程，但是逃亡生涯仅仅持续了4天，他在德国法兰克福机场刚刚走下飞机就被逮捕了。

巴林银行倒闭事件除了说明银行在用人制度上需要检讨，也说明在现代金融市场上，一些金融风险很容易被放大，因为交易手段太先进、交易金额太大了。现代金融的特点表现为：发展非常快，因为制度先进，交易手段先进，因此效率非常高，经济规模迅速膨胀；经济一旦出现问题，就会表现为更加迅速的衰败。

进入20世纪80年代以后，银行的破产率反而进一步上升了，特别是日本，在1989年经济泡沫破裂之后，银行出现了大量的呆账和坏账，至今它的银行问题都没能完全得到解决，还在影响其经济的复苏。俄罗斯1998年也出现了债务市场的危机。当时，政府允许私人开银行，只需很少的钱就可以注册一家银行。于是很多人都去开银行，为了争储户，存款利率越来越高，直至1 800%，最后很多家银行都破产了，因为它们没有那么高的盈利，怎能支付储户的利息呢？所以，银行破产是非常可怕的，因为它首先打掉的是人们对银行的信心，当人们对银行的信心不复存在时，银行就会倒闭。当人们都抛出货币时，整个国家的货币就会贬值甚至崩溃，通货膨胀就这样来临了。

发生在1997年的亚洲金融风暴就是这样的，人们对银行、政府失去了信心，不再信任本国货币，从而争相抛售，导致货币大幅贬值。最后，一个国家几十年辛苦努力创造的经济成就在一两年内很快就破灭了。2002年阿根廷金融危机也是这样，由于人们对本国货币失去了信心，对银行不再信任，所有人都去银行提款。每个人都在想，如果今天不取钱，可能明天货币会更贬值，最后甚至发生了骚乱。没办法了，政府高层官员只好像走马灯似的不断更换。2008年美国发生了金融海啸，在不到一个星期的时间里，华尔街的五大投资银行都倒下了。这场金融海啸波及全球，各国都受到了影响。时间来到2023年3月10日，美国硅谷银行倒闭，此前48小时的银行挤兑和资本危机导致了美国历史上第二大金融机构倒闭。在现代社会，银行倒闭仍然时常发生。

银行是信用的产物，如果失去了信用，银行将不复存在。在现代社会，银行已经成为经济生活的神经中枢，如果它出了问题，整个国家的经济就可能面临崩溃。所以，现代社会经济是靠信用来运行的，信用是市场经济的基石。

第十一章

中央银行起什么作用

你有没有想过，我们平时去存钱的商业银行接受了那么多存款，也放出大量贷款，万一这些贷款收不回来怎么办？当我们存在银行里的钱取不出来时，谁该对此负责任呢？还有，如果我们手中的货币贬值了，我们该找谁去补偿损失呢？万一商业银行出了问题，谁来救它们呢？

中央银行是一国经济的总枢纽，尤其是在市场经济国家。了解中央银行是了解宏观经济的一个重要窗口。中央银行在经济生活中要解决两个问题：第一，要保护储户的利益；第二，要保持一条融资的渠道。现在社会经济的发展、企业的壮大，离不开一个健康的商业银行体系。中央银行是这些商业银行的管理机构，它还要制定货币政策，保证一国币值的稳定。

在经济生活中，我们打交道最多的是商业银行，相对熟悉的也是商业银行。但我们还听说有一个中央银行，尤其是当商业银行利息变动的时候，总是听到中央银行宣布在什么时候降息多少、升息多少。还有法定存款准备金率，也是由中央银行来决定的。那么，一国的中央银行是干什么的？它是怎么产生的？中央银行起什么作用？它为什么会有这么大的权力？有了商业银行就能存钱和取钱，还能贷款，这不就够了吗？为什么还要有中央银行呢？

因为人们对银行的安全有更高的要求，而不仅仅停留在一家银行经营的承诺保障上。这就需要有人来管理这些商业银行，让它们别出问题，至少让我们存在银行里的钱在需要时能被取出来，所以就有了中央银行。

20世纪初，美国还没有中央银行，那时美国的商业银行经常出现支付危机。因为银行把钱都贷出去了,当储户来取钱的时候,它们没钱支付。一家银行如果没有钱,风声一旦传出来,其他银行的门前就会排起长队,大家都抢着去提款,因为所有人都害怕明天就取不出钱来了。如果大家都去取,钱就真的取不出来了,这就是挤兑。说起中央银行,并不是说自从有了从事存贷款业务的商业银行就有了中央银行,中央银行的出现有一个过程,也有其原因。

我们先讲个故事,看看美国在没有中央银行的时候,银行出了问题、政府财政出了问题是靠谁来解决的。

19 世纪末 20 世纪初,美国有个叫约翰·皮尔庞特·摩根(1837—1913 年)的人,那时他一个人扮演了今天中央银行的角色。而他又是怎样做到的呢?摩根的父亲是个银行家,结识了很多富有的欧洲银行家。摩根 17 岁进入德国哥廷根大学读书,他的数学天赋非常高。毕业后,他到纽约一家银行工作,从会计员干起,他的计算速度像闪电一样快。1860 年,一个偶然的机会,他到新奥尔良出差。有个船长急于卖掉一船的咖啡,摩根先用公司的钱买下这船咖啡,然后卖给公司的商人,从中赚了一笔钱。这次新奥尔良之行,他认识到了自己的潜力。

摩根 1861 年离开了银行,他觉得自己有本事了,又有经商的头脑,就准备把欧洲的钱借到美国来。当时欧洲的经济发展比较好,而美国正在打南北战争,国家急需用钱,他决心在商界大展宏图。1879年，一个机会来了，美国纽约中央铁路公司要卖掉25万股股票，他接受了这个挑战。但他开出的条件是：我可以帮助你们做，但是我一定要成为公司的董事。他真的把这件事做成了。渐渐地，摩根在纽约华尔街名声大振，成了华尔街的主人。

要知道，19世纪末美国的铁路公司竞争非常激烈，有两大铁路公司争得你死我活。摩根临危受命，大家请他出面帮助调解。摩根确实是个天才，他把两家公司的老板邀请到自己的游艇上做客，商量解决的方法，看是否有妥协的可能。这两人一开始都不同意，吵得很凶，他的游艇就一直在湖上荡来荡去，最后，两位老板握手言和，同意互不侵占对方的地盘。摩根终于凭自己的实力成为大亨，他以后做的每一件事都要求对方：我帮你做了这件事，你一定把你公司的股份分给我。所以，就出现了"摩根化""再摩根化"。他成了很多大公司的董事或董事长，他做的每一件事都是这样的。

到1893年，美国的股市垮了。美国经济进入萧条期，铁路公司也垮了，形成了多米诺骨牌效应。摩根当时非常有权势，他重组了这些公司，并拿到这些公司财务的控制权，摩根的实力越来越强大。

1895年，由于经济的萧条，美国财政也出了问题：国库的黄金储备马上见底，借的外债也还不上了，联邦政府面临破产。

摩根去华盛顿见总统，有人说总统不见他。他说："我来这儿就是要见总统的。"因为他知道国家遇到了危难。果然，第二天总统接见了他。那时美国财政部只剩 980 万美元的黄金储备了，而且还有一张面值 1 000 万美元的汇票马上要到期偿付了，如果不能兑现，政府真的就要破产了。格罗弗·克利夫兰总统问他："摩根先生，你有什么建议？"摩根回答说："美国法律是允许财政部购买黄金的。"结果，他向欧洲的银行借了黄金，几天之后，黄金被运到财政部，政府把借的钱还上了，经济稳定了，他把这场危机解决了。所以大家知道，美国在 19 世纪末没有中央银行，全由摩根一人承担。

到 1907 年，美国经济又出了问题，大公司一家接一家地倒闭。西奥多·罗斯福总统命人赶快去请摩根，让他出面请求银行家们合作。摩根立刻把所有的银行家请到自己的私人图书馆里，让他们商量该怎么办。然后他出去，把门锁上，自己到另一个房间，坐在桌前玩纸牌。他在洗牌，等待着谈话的结果。这些银行家一整夜都在谈究竟怎么办才能解救这场危机。大家知道，当企业要倒闭时，银行是不愿借钱给企业的。越没有钱，企业倒闭得就越快。当大公司要倒闭的时候，没有哪一家银行敢贷款给它。可是如果银行见死不救，经济就会呈现连锁反应，整个经济就会崩溃，人们只能指望政府出面解救经济危机。这些银行家争来争去，有人说出 500 万美元，有人说出 1 000 万美元。最后快到天亮的时候，摩根推门进去说："这是合约，这是笔，大家签字吧！"他拿出早已让别人起草好的合约，让银行家们签字。筋疲力尽的银行家们拿起笔在合约上签了字，同意出2 500万美元去解救这场危机。几天后，美国经济就恢复了。

1913年3月31日，摩根在罗马去世。他给儿子留下了20亿美元的资产，才有了后来美国的摩根财团。为了纪念他，纽约证券交易所特意停牌一个上午，这在历史上从未有过先例。在美国出现中央银行之前，摩根一个人起到了中央银行的作用。联邦政府财政出了问题，找他出面解决；大公司出现问题，找他出面调停；银行出现问题，请他出面解决。但是，这终非长久之计。一个国家的经济规模越来越大，不是一个人、一个财团可以胜任解决所有的经济危机的。而且长此以往，难免有失公允。于是，1913年12月23日，美国国会通过了《联邦储备法》。1914年，美国的中央银行——美国联邦储备系统成立，主要由联邦储备委员会、联邦储备银行和联邦公开市场委员会等机构组成。

尽管最早的中央银行公认是建于1668年的瑞典国家银行，现代中央银行的鼻祖是建于1694年的英格兰银行，但是中央银行成为一种普遍的制度，是从1920年开始的。布鲁塞尔国际经济会议决定，凡未成立中央银行的国家，应尽快成立，以稳定国际金融，消除混乱局面。

中央银行成立后，该做些什么事情呢？它要管理所有的商业银行，不能随便出现问题。当储户把钱存进去时，银行就把所有钱都贷出去，当储户去取钱银行没钱时，银行就会倒闭。如果银行把钱贷给企业，企业不能按时还给银行，银行又怎能把钱还给储户呢？所以，中央银行在经济生活中要解决两个问题：第一，保护储户的利益；第二，保持一个融资的渠道。现在社会经济的发展、企业的壮大，一定要有商业银行体系的存在。中央银行是管理这些商业银行的机构，它要制定货币政策，保证一国币值的稳定。

一个国家的公民持有本国货币，必然要求手中的钱能够买到足值的东西。保证货币足值和稳定的任务，就落到中央银行头上。保证币值的稳定是中央银行的职责。由中央银行来发钞，由它制定法定准备金率、贴现率，进行公开市场操作等。中央银行规定，所有的商业银行如果接受存款，就必须上缴法定准备金给中央银行。商业银行在出现支付危机的时候，可以找中央银行借钱。因此，中央银行在经济生活中起的作用非常大。

中央银行负责发行货币，币值的稳定与否是一国经济是否健康的一个重要指标。如果一国货币在升值，就说明该国的经济好了。如果大家都认可你，都来要你的货币，你的货币就会升值；如果大家都不相信你，都去抛出你的货币，你的货币就要贬值。所以，货币标志着一国的经济实力，它是一种信心的象征，人们愿意要这种货币是因为它的足值和稳定。

中央银行作为一国银行的总枢纽，有官方的地位，它是政府管理商业银行的代理机构。中央银行不能经营一般的存贷业务，它的使命是制定货币政策，保证币值的稳定。为什么中央银行不能经营存贷业务呢？因为它代表中央政府，如果中央银行制定游戏规则，自己还做存贷业务，那就好比它既当裁判又当球员，那么所有人把钱都存入中央银行多保险啊！这样一来，那些商业银行还能生存吗？所以，中央银行只能制定货币政策，保证货币的稳定和政策的公正性。只要让本国货币足值，只要保证人们随时能取出在银行的存款，那么中央银行就起到了它的作用。

大家知道，你手中的每一元钱都是中央银行对你的负债，因为它是中央银行发行的钞票。你有权要求1元钞票能买到1元的东西，你也可以随时换来价值1元的产品和服务。如果你手里的1元钱只能换来5角钱的东西，那就说明货币已经贬值了50%。相反，如果你手里的1元钱可以买到2元钱的东西，说明它升值了100%。

正是因为需要发钞，需要保证币值稳定，需要保证金融安全，尤其是银行体系的安全，还有为国家保管黄金、替政府发债等职能，中央银行才应运而生，并已经普遍根植于各个国家的金融制度。到今天为止，世界上绝大多数国家都有自己的中央银行，比如美国的联邦储备系统（简称美联储）、英国的英格兰银行、德国的德意志银行、中国的中国人民银行等，它们都是本国的中央银行。

第十二章

央行治理经济的思路是什么

西方经济学理论认为，中央银行应该相对独立于政府，不能完全听命于政府。因为中央银行最重要的任务，就是保证一国币值的稳定。如果中央银行完全听命于政府，某届政府就可能为了政绩，要求央行开动印钞机多印一些钞票以配合政府行为（包括还债、战争、刺激经济等），这将给经济带来灾难。因为货币增多会导致货币贬值，没有人再相信这种货币，经济就会出问题。

中央银行治理经济的思路十分清晰，就是当经济过热的时候出台新的货币政策，通过市场工具，关紧资金流入市场的龙头；当经济过冷的时候打开龙头，让资金流入市场。美国联邦储备委员会前主席格林斯潘的办公桌上放着这样一块牌子，上面写着："钱从这里滚出来。"

中央银行在经济生活中的作用非常重要，因为它能管住整个银行系统。那么中央银行的作用究竟有哪些？它的职能又是什么？

中央银行有三个最重要的职能：第一，它是发钞的银行。一个国家的钞票是由中央银行发行的，任何银行都不可以随便发行钞票，只有中央银行独占货币的发行权。你去看一看世界各国的货币：美元是美国中央银行发行的，英镑是英国中央银行发行的，欧元是欧盟的中央银行发行的。中央银行一旦把钞票发出去，就对所有持票人负债了。人们手里拿到1元钱的时候，这1元钱一定要有1元钱的购买力，如果人们买不到价值1元钱的东西，那就是中央银行的责任，因为是它让货币贬值了。所以，中央银行的任务就是要保持货币足值，这是它的第一个职能。

第二，它是银行的银行。它充当了所有商业银行的坚强后盾。商业银行接受中央银行的监督控制，所有商业银行的法定准备金都要缴存到中央银行。我们知道，现代社会的货币供给可不仅仅是印钞厂印出来的，更多是商业银行通过信贷活动创造出来的。商业银行通过它的信用，不断地创造新的货币供给。所以，当商业银行接受一笔存款的时候，它一定要按照法定准备金率，把这笔准备金缴存到中央银行，由中央银行保管。如果商业银行哪一天出现支付危机，或者储户来提款银行没钱，商业银行就可以找中央银行贷款，以应付紧急情况。同时，中央银行还可以统一办理各银行之间的结算，成为全国商业银行的结算中心，这些都由中央银行去做。

第三，它是政府的银行。中央银行代表国家管理银行，所以它又是政府的一个理财机构。它跟财政部一样，财政部负责政府财政上的收入和支出。而中央银行负责制定货币政策，负责管理国家的这些钱，通过制定货币政策，控制下面的商业银行，进而控制经济运行中货币的投放量，或紧或松，因为钞票是它印发的。此外，国家的外汇储备及黄金的保管也是由中央银行去做的。所以，中央银行在一个国家经济生活中的地位举足轻重。

西方经济学理论认为，中央银行应该相对独立于政府，它不能完全听命于政府。中央银行和财政部同是政府的理财机构，但是它和财政部不一样,财政部要完全听命于一届政府,而中央银行却不能完全听命于一届政府。原因何在?

中央银行最重要的任务是保证一国币值的稳定。譬如,美国决定打一场战争,总统让财政部配合,扩大财政支出。财政如果有足够的税收,就可以加大政府支出;财政如果没钱,政府可以去发行国债,让本国的老百姓买;政府还可以发行外债,让国外人来买。这样美国政府就可以筹措到战争的款项。但是,美国政府可以命令中央银行增发钞票吗?如果中央银行和政府穿一条裤子,我们说,这个国家的货币肯定就会贬值,因为中央银行已经开始对它所发行的货币不负责任了。所以,中央银行不可以随意听从政府的指令。它必须相对独立于政府,要对本国货币负责,对本国经济增长负责,对银行体系的安全负责。

我们以美国为例来说明这个问题。美国中央银行行长是美国联邦储备委员会主席,他也不能全听总统的话。而且美国在制度上对此做了这样的规定:一届总统任期是 4 年,一届美联储主席任期也是 4 年,但是法律规定这两个任期正好错开。总统上台两年之后才可以任命美联储主席,本届总统在前一半任期内无权撤换上届总统任命的美联储主席。这就从制度上保证了美国联邦储备系统在制定货币政策上的相对独立性。绝对不能因为不听总统的话,就另换一个美联储主席。这样就从根本上保障了中央银行和联邦政府之间有一个相辅相成并相互制约的机制，用于保证经济持续、稳定增长。

这种制度安排的好处在于：每一届政府都有寅吃卯粮、在任内做出丰功伟绩的冲动，都想为自己和自己所在政党的连任铺路。为了防止政府不负责任的短期行为发生，防止中央银行被行政部门完全操纵的情形发生，才有这样的规定。这样一来，中央银行对政府的经济政策就具有了一定的制约作用。所以，在美国，只要总统任命一位联邦储备委员会主席，这个主席就相对独立了，在职权范围内，他可以不听总统的。美国联邦储备委员会开会时，决定降低利率还是提高利率，总统是没有权力干涉的。比如，一位美国总统想连任，他告诉美联储主席：“我要连任了，你那里配合一下，多发点儿货币出来，给经济再加把劲儿。只有经济搞上去，选票多了，我才有把握再干一届。"但是，美联储主席绝对不会无条件听总统的，因为联邦储备系统要对美元负责，要独立制定货币政策。只有确保了货币的稳定，经济才能稳定。有一个好的经济，公众有信心，政党才能获得选票。

如果中央银行起不到相对独立的作用，甚至完全听命于行政官员，成了行政部门的提款机，那就会出大麻烦。

随着我国社会主义市场经济的发展和成熟，我们需要一个好的中央银行，一个健康的中央银行。国家会通过中央银行来调控宏观经济。在过去计划经济的年代，银行只是政府的一个出纳机构。它既可以从左口袋拿到钱，也可以从右口袋拿到钱。不管从哪里掏钱，都只是自己口袋中的变化。现在改革开放40多年了，社会主义市场经济越来越完善。当市场经济体系健全以后，大家就会看到，一国货币政策的重要性绝不亚于财政政策，一国中央银行的重要性也绝不亚于财政部。它必须保证整个金融系统的健康，其中货币的稳定是基础。

对贷款投资的人来说，贷款利率就是资金的成本。中央银行通过调高或降低利率，实际上是在调整市场的资金需求。贷款利率高到一定程度，表明资金成本太高了，企业就开始不贷款投资了，生产会受到一定的限制，用工也会受到一定的限制。当利率降低到一定程度时，投资需求会逐渐增加。但当利率低过一定程度，人们对经济预期很不好时，又没人贷款了。像日本，很长一段时间以来甚至出现了贷款负利率现象。所以，调整利率是一个市场资金供求的传导机制。

过去，我国更多地使用财政政策调控宏观经济。1998年之后，我们在促进经济增长的时候，更多是加大国债的发行，加大政府投资的力度，希望带动配套的民间投资和消费。后来，我国政府开始强化中央银行的职能，也动用了货币政策手段，在经济冷的时候降息，在经济热的时候加息。随着市场经济的逐渐成熟，中央银行在经济生活中的作用也越来越大。我们要学会理解货币政策，看它对经济发展的影响是什么，中央银行降息意味着什么，升息又意味着什么，利率变动后会带来怎样的影响。如果我国的货币政策见效，币值稳定，经济发展转好，企业都能借到钱，大家都愿意投资，那么赚钱的机会就来了。

有很多人问，我国银行存款利率太低了，我们是不是应该把钱投到股票市场去？当然，是否投资进入股市，并不只看利率这一个指标。很多人问这个问题，其实反映了经济学的一个基本原理，就是大家模模糊糊地知道，当利率降低的时候，股市会有机会，资金相应就会进入股市。但为什么会出现这样一条资金的运动轨迹，大家还不是特别明白。简单说，当储蓄利息收入降低的时候，上市公司的分红收入可能就相对提高了，这个问题在专门分析股市的一章中再详细解释。

我们来看一下，美国的中央银行是如何通过货币政策、变动利率来解决经济运行中出现的问题的。

1987年10月19日，美国股市大崩盘，道琼斯工业指数狂跌了22.62%，股票市值缩水近1/4。这一天被称为"黑色星期一"。当时，美联储主席格林斯潘才上任不久。刚上任时，他觉得美国的通货膨胀比较严重，准备拿通货膨胀开刀。他想减少对市场的货币供应，拧紧货币供给的龙头。因为当市场上的钱少了，人们没有那么多的钱去买商品时，物价自然就降下来了，通胀率也可以降下来了。

他万万没有想到，刚坐上主席位子没多久股市就大崩盘。10月19日那天，他按照原定日程，到达拉斯出席一个银行家的年会。格林斯潘刚走下飞机，就有人火速赶来说："主席先生，不好了，美国股市出事了。"他问："降了多少点？"那人说508点。可是他听成了5.8点，心想，这算什么？他继续往前走。那人又强调说："主席先生，股市下降了508点！"这时，他才感到问题的严重性。

格林斯潘再清楚不过了，美国股市一旦出了问题，就会像蘑菇云一样迅速向世界各地蔓延。从美国到欧洲，从欧洲到亚洲，全世界所有的股市都会发生暴跌的连锁反应。怎么办呢？他仔细想了想，现在这个市场最缺的是什么？是钱！因为好多人炒股用的钱是从银行借来的。在这种情况下，银行一定会迅速把所有借出的资金尽可能收回来。这样，很多借银行钱买的股票就会被银行立刻强行平仓（即卖掉）。因为银行知道，股市再往下走，大多数股票可能最终跌得一文不值，而那些欠银行的炒股钱自然也打了水漂。因此银行会毫不犹豫马上采取行动，强行回收资金，这会进一步加剧股票价格的下跌。

当股市暴跌时，市场上最缺的不是股票，而是现金。银行在强行平仓，个人、机构都拼命想从股市里逃出来，股市陷入恶性循环，股指轮番下跌。当大家都想卖出股票逃走的时候，只要没人接盘，股价就会一直往下掉。不仅美国股市是这样，

第十二章　央行治理经济的思路是什么　　143

其他市场同样如此。所以，当时香港股市关闭了4天，等股市开盘的那天，恒生指数狂跌33.5%。这次股灾，全世界股市损失的市值高达2 000亿美元。

面对这种棘手的局面，格林斯潘经过反复思考，做出了他这一生中最重要的决定之一，在第二天纽约股市开盘前50分钟发表了一个声明。他说："联邦储备系统本着它作为这个国家中央银行的责任，在这里宣布，它会作为一个流通货币的来源，对所有经济和金融体系提供援助。"主席果然一言九鼎，用一句话发表了一个历史性的声明，它立刻传遍美国和全球。他在向全球市场传递这样一个信息：大家不要慌，我们有的是钱，我要打开龙头，我要放水给所有需要钱的人。

解读这个声明，格林斯潘如是说："所有需要钱的机构和个人，我都给你们提供贷款；无论你们是做金融的还是做企业的，我都给你们提供贷款，我将打开货币供给的龙头，源源不断地向市场提供资金。"你想，当人们听到这个市场不再缺钱的时候，还有人会继续割肉抛股票吗？如果大家都不抛了，市场就在这个地方找回了信心，股市就不会继续下跌了。货币、金融、股市都需要人们的信心，如果没有信心，钞票和股票都可能变成没人要的废纸。

这个声明立刻传遍了全球。美国股市周二收盘时就稳住了，没有发生像1929年那样的崩盘和后来的持续大萧条。一场危机过去了。格林斯潘在如此危急的时刻力挽狂澜，拯救了美国经济。一夜之间格林斯潘改变了原来的货币政策。他本想实行紧缩货币政策，拧紧资金龙头，抑制通货膨胀，结果现在反倒打开龙头，把钱放出来。

格林斯潘认为，这时美国的金融体系已经健全了。正是基于这样的信心与实力，他才敢说，谁需要钱来找我借吧！就这一句话，所有人都不再抛股票了，资金的需求马上就没有那么大了。

2001年美国在遭受"9·11"恐怖袭击事件之后，美联储曾连续13次降低利率，甚至降到了1%这么低，就是希望能振兴经济。但美国经济对降息已经开始反应迟钝，所以收效甚微。这是为什么呢？凯恩斯说过，当利率降到2%的时候，这个国家的经济就跌入了流动性陷阱，也就是说货币杠杆开始失灵了，利率再降，也很难刺激投资和消费了。这时候，经济已经很冷了，因为谁借了钱也赚不到钱了。

后来，美国为了刺激经济，在2007年又制造了另外一场地产泡沫，对美联储的货币政策提出了严峻的考验。

所以，一国的中央银行如何把握利率杠杆和货币政策来治理国家的经济，是非常重要的。在一个有良好市场传导机制的经济环境中，货币政策是最能体现市场规律、更加有效的经济政策，但同时也面临国家一系列政治决定带来的重大挑战。

第十三章

货币政策的三大法宝

中央银行货币政策的第一个工具是法定准备金率。当经济过热时,央行拧紧货币供给的龙头,提高法定准备金率。但这样做会导致市场资金逆向循环,它是一个非常强烈的手段,央行并不经常使用。

第二个工具是贴现率。它是商业银行从中央银行借款的利率。如果经济过热,贴现率就高,商业银行去央行贷款付出的代价就大。这会导致商业银行贷款困难,企业贷款困难,经济运转减速,经济规模就会缩小。它也是一个比较强硬的手段,央行并不经常调整贴现率。

第三个工具是公开市场业务。它是央行在公开市场上通过买进或卖出债券,以在市场上放出或者收回资金。央行可以针对市场资金多余和短缺的具体时间和领域进行,实现对经济的微调,它是央行经常使用的一个工具。

当你了解这些指标时,当你看到中央银行动用哪些工具来调节市场资金的供求时,你就会知道经济发生了什么样的变化,你在投资和理财上该采取什么样的应对措施了。

讲到货币政策，可能说起来比较抽象。我们可以这样理解：中央银行究竟是通过什么打开货币的龙头把钱放出来的，又通过什么拧紧货币的龙头把钱抽走的。

美联储前主席格林斯潘的办公桌上放着这样一块牌子，上面写着："钱从这里滚出来。"他非常形象地说明，中央银行把持着货币供给的龙头。那么，中央银行的这个职能究竟是用什么样的工具来完成的呢？我们说，中央银行的货币政策主要有三个工具。

货币政策的第一个重要工具是法定准备金率。什么叫法定准备金率？就是当人们把100元钱存进银行的时候，银行必须把一笔钱缴存到中央银行。如果法定准备金率是10%，银行接受100元的存款就只能贷出90元，其余的10元要缴存到中央银行；如果法定准备金率是5%，银行可以贷出95元，剩下的

5元必须缴存到中央银行。法定准备金率向下调整，就是把货币供给的龙头打开了，商业银行可以贷出的钱自然就多了。所以，中央银行降低法定准备金率，就等于钱已经从银行流出来了，开始给经济加油了，就像给汽车加油一样。

如果中央银行拧紧货币供给的龙头，提高法定准备金率，那会发生什么呢？比如，中央银行觉得宏观经济太热了，放出去的贷款太多了，快要产生通货膨胀了，甚至通胀率已经很高了。这时，中央银行就拧紧龙头，比如把法定准备金率从5%提到15%，即提高了10个百分点，原来商业银行可以贷出95元，现在只能贷出85元了。可是商业银行过去都是按照5%的法定准备金率贷款的。比如，商业银行有1亿元人民币，按照5%的法定准备金率，缴存500万元的法定准备金，可以贷出9 500万元。而现在法定准备金率提高到15%，这1亿元就只能贷出8 500万元了，这时商业银行要收回多贷出去的10%的钱，要从企业中把1 000万元赶快收回来缴存到中央银行。由此会导致一系列追讨资金的行为发生。所以，中央银行调整法定准备金率是一个非常强烈的手段。

这时候你会发现，中央银行打开货币供给的龙头容易，关上就难了。当某一天听到中国人民银行提高法定准备金率的时候，你就知道这是央行下猛药了，商业银行将会处于非常困难的境地，因为它把钱都贷出去了，必须马上收紧信贷。提高法定准备金率这个手段央行不经常用，它是非常强烈的手段，它强迫市场资金逆向循环，所以，只有在迫不得已的情况下央行才使用它。

以中国为例，中国人民银行宣布从 2011 年 2 月 24 日起上调存款准备金率 0.5 个百分点，这 0.5 个百分点大约会冻结 3 500 亿元的资金。这已经是央行自 2006 年以来 20 多次调高法定存款准备金率了，从 7% 提高到 19.5%，冻结资金达数万亿元人民币，这些钱都流进了中央银行，这已经给市场足够强烈的风险信号了。但是 2010 年，在中国超过 2.8 万亿美元的外汇储备、超过 39 万亿元人民币的 GDP 以及超过 20 万亿元居民储蓄的市场环境下，央行动用法定准备金率工具能起到多大力度的调控作用？

货币政策的第二个重要工具是贴现率。什么是贴现率？中央银行是银行的银行，它保管各商业银行缴存的法定准备金，也贷款给这些商业银行。商业银行从中央银行借款的利率叫贴现率。我们来看中央银行是怎样使用这一货币政策工具的。比如，你有一张 1 万元的国债券，还没有到期，但急需用钱，于是你把这张国债券拿到商业银行去换成现金。这时，商业银行不会把债券票面利息如数给你，而要扣掉一些手续费。商业银行收下这张票据后，如果暂时还不需要钱，它就可以一直放在手里，等到期时兑现，赚取债息。如果商业银行也急需现金，它就要把这张债券送到中央银行去贴现贷款。中央银行收下这张票据后，按自己规定的贴现率放款给该商业银行。

如果中央银行实行的货币政策是趋紧的，它的贴现率就高，商业银行去贷款时付出的代价就大，说明这时央行不愿意把钱放出来。相反，如果央行给商业银行一个较低的利率，商业银行缺钱时就愿意找央行去借款、贴现，说明央行这时愿意把钱放出来。所以，中央银行通过控制贴现率来控制货币供给的龙头。而且严格说起来，贴现率是中央银行唯一可以直接规定的利率。

美联储每个月在做什么？就是在商定这件事，决定联邦储备银行贴现率的高与低，或者说决定美国利率的升与降。那么商业银行的利率究竟由谁来决定？在市场经济国家，利率既不由政府规定，也不由中央银行决定，利率由市场决定。这一点必须强调，我们要着重理解。为什么说利率由市场决定？因为市场经济国家的所有价格都是由市场决定的。正如工资是劳动力的价格，租金是使用土地的价格一样，利率是使用资金的价格，这个价格是由货币的供给和需求决定的。人们用什么样的价格借钱，要由市场对资金的供求状况来决定，实际上就是这样的。

我们已经知道，市场经济中有一只"看不见的手"，所有的价格都是由市场供求决定的，资金的价格也不例外。例如，为什么美元的市场利率有时候高有时候低？如果美国到处都有商机，市场很好赚钱，很多商家都需要美元，美元的需求就会大于供给，这时美元的利率就高。相反，如果大家都不看好美国经济，都不要美元，美元的供给大于需求，这时美元的利率就低。因此，利率是由市场供求决定的。

所以，中央银行能够决定的不是商业银行和资金市场上存贷款的利率，它决定的只是一个贴现率，在中国叫再贷款利率，在美国叫联邦基金利率。中央银行就是通过控制商业银行从中央银行贷款的利率，也就是贴现率，从而对商业银行的存贷款利率施加影响的。

当商业银行找中央银行借钱的时候，如果央行给它的贴现率高，那就是告诉商业银行要谨慎贷款。如果原来贴现率是5%，现在变成了10%，那就说明通胀严重了，央行想拧紧龙头，不准备把钱放出去。如果商业银行用10%的贴现率拿到了这笔钱，它再向外贷款时，就得以高于10%的利率贷出。面对这么高的贷款成本，企业自然也就不去贷款了，因为要赚回比10%更高的利润很难。这样一来，过热的经济就被压了下来，企业不去贷款投资了，人们不去贷款消费了，市场上商品的价格就会降下来。这样，通胀率就被控制住了。

中央银行虽不能决定商业贷款利率，但可以通过贴现率来影响商业贷款利率水平的高低。利率由市场决定，才能使资金资源得到合理配置。

如果提高法定准备金率,很大一笔钱就要被冻结起来,不能参与正常的经济循环。这是一个很强硬的货币政策手段,所以央行不经常使用。而提高中央银行贴现率,商业银行贷款困难了,企业借款也困难了,经济运行速度就要减慢,经济规模就会缩小。它也是一个比较强硬的手段,所以,中央银行也不能经常调整贴现率,因为利率杠杆一动,引起的动静太大。

中央银行最经常使用的是第三个工具——公开市场业务。什么是公开市场业务?它是指中央银行在公开市场上进行操作,买进或卖出债券。这些债券有3个月期的、半年期的、1年期的、3年期的、5年期的不等。比如,有些企业手中有一笔闲钱,既不想投资,也不想扩大再生产,更不想进股市,因为风险太大。于是它们决定买政府债券,因为债券的利率高于银行存款利率,风险又小于股票,所以它们就买了债券。那么,中央银行做什么呢?如果中央银行发现经济太冷了,它就决定打开货币龙头,怎么打开呢?就是在公开市场买进债券。

当经济太冷的时候,市场需要的是什么?需要的是钱,是现金。中央银行买进债券,它收回的是大家手中的债券,放出来的是现金。这样就打开了货币供给的龙头。如果经济太冷了,东西都卖不出去,大家手里拿着债券,既不去消费也不去投资,这怎么能行呢?于是,央行开始收购大家手中的国债,把钱放出来，鼓励大家消费、投资、买股票，反正做什么都行，只要合法。央行这样做就是为了刺激经济回升。

那么，中央银行在哪种情况下会卖出国债呢？当经济需要降温、经济再热下去要出现泡沫、通胀率提高、市场有更多资金去投资和消费时，中央银行就会在公开市场上卖出债券。大家购买国债时，把手里的钱给了中央银行，换回来的是债券。央行会给一个比商业银行存款更高的利率吸引人们买债券，让人们愿意持有国债。人们持有债券，就没有相应的钱去消费、去投资了，市场上的流动现金开始减少，经济就会适度降温。公开市场操作可以相对频繁地进行。它对经济进行微调，针对市场资金余缺的具体时间和领域进行操作，它不像法定准备金和贴现率的影响那样猛烈。所以，这个手段是中央银行经常使用的。

由此可知，一国的中央银行在变动法定准备金率和贴现率的时候，一般都被看作央行的货币政策有重大的变化。因此，一般情况下央行不经常使用这两个工具，尤其是不经常动法定准备金率。

但是，利率工具的动用是否能起到有效调控经济的作用，还与其他很多因素有关。从1998年到2010年，中国人民银行先后8次降息，但降息以后资金并没有从银行挤出来。相反，居民储蓄总额从1998年的大约4.6万亿元人民币上升到了2002

年底的近9万亿元人民币,到了2010年上升到20万亿元。为什么银行的利率一降再降,即使2007年利率有所上升,储蓄额却一升再升呢?问题出在哪里?一方面,民营企业想贷款,可能因为企业的实力不够,也可能因为信用制度不健全,它们贷款很难,甚至贷不到款。而能够贷到款的那些国有企业效益又不太好,商业银行不敢再贷给它们。另一方面,人们也不愿意多消费,他们有很多后顾之忧,比如养老、医疗、孩子教育等问题,老百姓不敢花钱。因此,虽然银行利率一降再降,而资金在投资、消费的上下游环节都不能正常地循环起来,利率政策的变动表现为低效。

如果说利率是商业银行贷款的价格,或者说是贷款的成本,这说的是在健康的市场经济条件下的操作。这时你来看利率对中国企业贷款投资的影响,就远不止一个资金价格的问题了。最终参与资金循环的,除了利率成本,还有人际关系、信用体系、制度倾斜、社会保障机制等一系列成本。它们共同导致我国利率的传导机制一直不能顺畅地运转起来。

比如,日本在2003年前后利率已经低到0.1%的水平,接近零利率。也就是说,日本利率杠杆的调控作用基本失效了,利率哪里还有调控的空间呢?2010年美国的利率已经降至0.25%,欧洲央行的利率也不到1%,在经济不好的年份,利率是非常低的,为的是刺激经济回升。

曾经有人问，俄罗斯2003年存款利率是19%，是不是它的利率杠杆空间很大呢？这是个好问题，说到这里，就要引出名义利率和实际利率这两个概念。我们在商业银行看到的贷款利率是名义利率。那么实际利率是什么？用名义利率减去通胀率，才是一国的实际利率。例如，俄罗斯有段时间的名义利率是19%，而它的通胀率是15%，当时俄罗斯的实际利率其实只有4%。因此，它的利率也没有特别大的调控空间。关键问题是，通货膨胀的速度失控，是银行和百姓都不愿意看到的事。如果一不小心把名义利率降下来，却把通胀率推上去，结果就会出现一个负的实际利率。也就是说，存钱的人手中的钱实际上一天天在蒸发，即使你不吃不喝，钱也在变少。所以，如何制定一个国家的货币政策，如何调整利率杠杆，对每个国家的中央银行来说都是严峻的考验。

要看到，一个国家在治理经济和对宏观经济进行调控时，货币政策非常重要。随着我国社会主义市场经济的逐渐成熟，中央银行的功能会越来越健全，运用货币政策三大工具调节经济的能力会越来越强，效果也会越来越明显。我们要学会看这些指标，知道在什么情况下中央银行该动用什么货币政策工具。或者反过来说，当看到中央银行动用了什么工具来调节市场资金供求时，我们就知道经济发生了哪些变化，我们将要采取什么样的应对措施。

第十四章

金融市场为我们提供了什么

金融市场为我们提供了存钱、赚钱和借钱的渠道。我们要办企业，就要考虑融资，那么融资通常都有哪些方式？

第一是依靠自己的友情，靠原始的信任，借到资金开始经营。但这样的融资隐性成本相对较高，有信息不对称的问题，有高额时间成本、机会成本等问题。

第二是找银行融资。银行旱涝保收，融资人却完全独自承担经营风险。

第三是到股市去融资。股市融资成本低，重要的是，融资人不必归还本金，大家风雨同舟，共同分享企业利润，共同承担经营风险。

找银行借钱，是间接融资；到证券市场融资，就是直接融资。

面对现代金融市场，要找最优的融资路径：一是它使融资人获得资本的成本最小；二是它监督债务人的成本最小；三是能做到风险分摊。

什么是金融市场？它起什么作用？在前几章我们谈到货币、信用、银行，由货币产生了信用，在信用的基础上出现了银行，银行又在更大的基础上创造了信用，由此形成了资金的融通，即金融。金融市场为这些金融活动提供了场所。

例如，一个人想办企业需要借钱，可以有三种融资方式。

第一，靠友情，靠原始的信任。但融资成本相对较高，有时间成本和机会成本等问题。

第二，找银行融资。大家把钱存入银行，银行作为中介往外贷款，银行创造了资金的流动性，它可以贷出很多笔资金，通过银行这只手，资金流向有利润、有前途的行业。

第三，到股市融资。这样投资者的资金成本才最低，除了上市费用和以后给股东的分红，投资者不必归还本金。所以，如果找银行借钱，那叫间接融资；到证券市场去发行股票，那叫直接融资。这是两种不同的融资形式，是两条不同的融资渠道，结果也是不同的。

现代金融机构之所以发展得如此快，第一是它使获得资金的成本最小，第二是它监督债务人的成本最小，第三是它分摊风险。比如一家银行贷款 100 笔，如果有 90 笔可以收回来，有 10 笔收不回来，这家银行不仅能照样运转，甚至还能赚钱。但是，如果你自己借出去一笔钱收不回来，你就百分之百地损失了。但是，一旦进入股市，你就要注意了，这是一个直接的融资形式，赚和赔都是你个人的事，你要对自己负责。所以在这种情况下，基金等专业机构才应运而生，它们可以帮你挑股票，帮你理财。

正是因为金融机构具备了帮助人们融资、使资金成本最低、监督债务人成本最低、分摊风险、创造资金的流动性、促进经济发展这样一些职能，所以它们才发展得如此之快。

在现代社会，有人有钱，但他们不想自己投资办企业；有人没有钱，但他们有好的投资项目。大家正因有了不同的需求，才一起来到金融市场。通过银行完成的信贷活动叫间接融资，通过证券市场完成的交易活动叫直接融资，区别就在于前者的风险在银行身上，后者的风险在个人身上。

20 世纪 90 年代中国发生过这样一个故事，有个农民老大爷在家里养牛，要好几年才能养大。靠卖牛肉赚钱，他觉得这样太慢了。在我国股市特别火的时候,他干脆把家里的牛全卖了,进城去买股票。没想到,买完股票几天后就赔了,他就到证券公司去退。他说:"俺不买了,俺要退钱。"证券公司工作人员说:"股票不能退。"他问:"为什么不能退?你们证券公司是国家开的吗?为什么我在银行存钱,不存了就可以取出来,为什么在你们这儿买了股票就不能退呢?"证券公司的人说:"你买的股票不能退,你不想要股票只能你自己卖出去。"他说:"我已经卖不出原来的价钱了,我只要你们退钱给我。"

这个故事只是说明我国的股市还不成熟,我们的股民当时还不懂得什么是直接融资,什么是间接融资。只要你进股市买了股票,就是直接融资,你就成了公司的股东。公司经营是有风险的,这就要你自己承担。买完股票之后不想要了,还得通过股市卖出去。除非上市公司回购股票,或者倒闭清盘,否则这笔钱你是要不回来了,因为买股票就是直接融资。

当你把钱存进银行时,你一般不用担心到时候钱取不出来。银行把钱贷出去的时候,也会有抵押或担保,它不会随便就把钱贷出去。银行做了存贷的中介,存贷双方的间接融资这件事由银行来承担。但是,如果一个国家所有的融资行为都由银行体系去完成,银行的负担就太重了,融资的速度也太慢了,而且银行的风险也加大了。因此,随着经济的发展,出现了资本市场,出现了股票市场、债券市场。这时,一国经济中又多了一条直接的融资渠道。上市公司发行股票,投资者看好就来买,不看好就不买。投资者买了股票,就要和该公司共同承担风险。如果公司的收益好,投资者就能享受公司赚钱以后的分红,这体现了高风险高回报、低风险低回报。正因为直接融资具有这样的特点,世界各国才出现了股票市场这条直接融资的渠道,股市才被人们炒得热浪翻滚。

我国正努力拓宽直接融资的渠道,分担银行放款的负担。

尽管我国股市存在很多问题,但政府还是在不断规范的前提下创造了一个庞大的资本市场,就是为了与中国经济增长的规模相适应,为了给企业找到一条融资的渠道,为了给那些能成为企业家的人提供获得资金的条件,使那些有潜力的小企业能去融资。我国好的企业还可以到境外资本市场去上市。它们可以到美国去上市,到新加坡去上市,慢慢地可以到日本、德国、英国等所有的资本市场去上市,这都是为企业的发展找到了直接的融资渠道。当然,其他国家的优秀企业也可以到中国的资本市场上市,让我国的国民也能分享西方企业经济增长的成果。

一家企业要发展,重要的是要有钱,如果没有钱,它就转动不了。企业怎样才能最方便地拿到钱,让自己快速发展,这是一个非常重要的问题。很多中小企业家都说:"如果我们能融到资金,我们企业的发展就会快得多。"是的,对中国的企业家而言，有融资渠道能向它们提供充足的资金，这是发展企业必备的条件。西方发达国家有投资银行，有风险投资基金，它们的企业可以上市，也能发行企业债券，这些都为企业发展提供了良好的融资环境，也是我国在金融体制改革中应该学习和借鉴的。

金融市场分为两部分：一部分是货币市场，一部分是资本市场。什么叫货币市场？如果企业需要筹措短期的现金，可以到货币市场去借钱。只经营一年以下信用的叫货币市场，经营一年以上信用的叫资本市场。资本市场又分为证券市场和长期借贷市场，而证券市场又分为股票市场和债券市场。这么多的市场怎么记得住呢？经营短期信用的就是货币市场，经营长期信用的就是资本市场。如果一家企业去筹措短期资金，最快的地方是银行。如果大家把钱投进了股市，那就是一个相对长期的投资。从原则上说，投资者买了股票，一定是等着它升值了再卖；投资者买债券，也是等到期了再卖，或者把它兑现了。

尽管资本市场有非常丰富的融资形式，大家感兴趣的还是股票市场。

证券交易所是做什么的呢？证券交易所本身不得买卖任何股票，它只是为大家提供一个场所，供所有的经纪人在里面做交易，它只收取管理费。大家买卖股票的那个市场叫二级市场，也叫交易市场。投资者愿意卖出这只股票，能卖多少钱，取决于企业的效益。如果企业的效益好，年终派发的红利多，这只股票就值钱，愿意接手的人就多，反之就不值钱，很少会有人愿意接手。

总的来说，股票市场只是金融市场的融资渠道之一，用它便于说明金融市场都能为我们提供什么。在中国，建立健全的金融市场是一项长期艰巨的任务，任重而道远。只有金融市场健康，运转正常，我国的经济才能稳步发展。

第十五章

从宏观视角看股市

人们通常习惯于用技术图形和小道消息炒股。但是从宏观经济的角度看一只股票的价格，看股市的行情如何，一定要看企业效益的好坏。企业效益好的时候股价会升，反之股价会降。同时，股价的形成还要参考银行的利率水平。一般来讲，当银行利率降低的时候，企业股息的吸引力就会相对提高，部分资金就会挤入股市，导致股票价格上升；反之，股票价格会下跌。政治环境的安定也是影响股价长期走势的重要因素。

股市是经济的晴雨表，经济好了股市就会好，如果经济不好股市好，那只是炒作，只是短期行情。要知道股市中长线投资与短线投机的区别，要懂得买卖股票和基金的区别。

要学会搭宏观大势的顺风车，要知道股市的风险高于银行存款的风险。只有学会规避风险，才能在股市里赚钱。

作为金融市场的一个重要组成部分，股市越来越多地融入了我们的现代生活。为什么股票价格指数有时向上、有时向下呢？为什么有人在股市赚钱，有人在股市却赔钱呢？我们需要了解什么是股市，股票价格是如何决定的，股价指数是怎么回事，股价的变动是由什么决定的。如何对股市做出理性的判断，怎样对股票做出适当的选择，学会正确判断股指的升与降，学会分析股票市场存在的问题，这是本章要告诉大家的内容。

　　首先，让我们来看股票的价格是如何决定的。股票既然要上市交易，就要有一个交易价格，那么这个价格是怎么确定的呢？比如，一家上市公司发行的股票，在发行时除了有票面价值，还有发行价格。这个股票的最终发行价格可能是按票面价值发行的，也可能超出面值溢价发行，还可能低于面值跌价发行，这要看当时的股市行情如何。

但是，当投资者到二级市场去交易股票的时候，股票有一个市场价格。这只股票的市场价格又是怎么算出来的呢？举个例子，假如你有 100 元钱存入银行，银行每年给你 5 元的利息，银行存款年利息率就是 5%。但现在你花 100 元买了一只股票，这只股票每年给你带来 10 元的股息。那么，你手里的这只股票应该值多少钱？也就是说，相当于你有多少钱存入了银行，才能得到这 10 元的回报呢？是不是相当于你有 200 元存进银行，年底才能得到 10 元的利息？所以，我们说这只股票值 200 元。如果投资者花 150 元买它，就值了；要是花 300 元买它，可能就要赔了。

换句话说，为什么这只股票才 100 元的面值，投资者却能卖出 200 元的价钱来呢？那是因为上市公司每年给股东 10 元的股息分红，相当于在银行存款 200 元得到的回报。如果投资者以 150 元把它卖了，别人还能赚到后面的 50 元。当然，市场上股票的最终价格还受到很多复杂因素的影响，比如资金供求因素、政治环境、国际环境等，这些因素综合影响着买卖双方的心理预期，并形成最终的交易价格。但这里讲的是它的价格原理，我们要了解股票的内在价值，要搞清楚投资者在股票市场上买卖的股票价格意味着什么。

决定股票价格的因素是什么呢？用利率来对比股票的收益时，我们发现，股票的价格通常随着利率升降，两者有明显的联动关系。比如，当银行利率为10%，而股息大概只有5%的时候，人们就不愿意买股票，而愿意把钱存入银行，因为不用承担股市中不确定的风险，收益还比股票高。反过来说，当利率不断往下降，而企业效益又逐渐转好，股息越来越高的时候，比如利率已经降到了5%，而股息已经升到了10%，这时候人们就会想：存钱不合适了，不如买股票！

所以，从原理和方向上说，银行降低利率，会相对提高股票收益的诱惑力，会把部分资金挤入股市，导致股票价格上升。相反，当利率升高的时候，人们会选择去银行存款，这时部分资金会从股市里退出，从而导致股票价格下跌。最后，如果利率很高，那就没人愿意进入股市；利率很低的时候，人们觉得钱存在银行不合算，资金就会有流入股市的诱惑。如果利率是1%，而投资者在股市能赚5%，这时进入股市就变得合适了，当然这样做的前提是没有风险。然而，没有风险的事在这个世界上是不存在的，只是风险的大与小而已。有一句话大家一定要记住：这个世界上最大的风险是不对风险加以控制。

决定股票价格的另一个因素是企业效益的好坏。看一只股票的价格，看这轮股市的行情如何，一定要看企业效益的好坏。有一个重要的指标需要参考，就是股票的市盈率。什么叫市盈率？它是股票价格和每股收益之比，它反映的是投资者为这只股票所能获得的利润愿意支付的股票价格。一只股票的市盈率低,表明该股票未来收益高;一只股票的市盈率高,说明该股票的风险加大。

看一只股票的价格如何,还要与银行的利率水平进行比较。当利率下调的时候,股市相对是一个升市;当利率上调的时候,股市相对是一个跌市。当企业效益好的时候股市会升,当企业效益不好的时候股市会跌。

股市是经济的晴雨表,经济好了股市就会好,如果经济不好股市好,那只是炒作,只是短期行情。必须是宏观经济好了,企业的效益好了,企业盈利高、派出的股息多,在这种情况下,股市才会健康持续发展。所以,我们看股市,一定要学会判断宏观经济的大势,只有看准了大势,投资者才能做得了股市。而我国很多股民进入股市不是出于理性分析,而是靠打听消息,听说这只股票能赚钱咱快买吧,那只股票不好咱赶快抛吧。这样盲目操作的问题很多,风险很大。股市投资者应该学会看大势,在买一只股票之前要先分析一下,看这家企业的效益好不好,看宏观大势好不好,再决定你是否入市。要学会搭宏观大势的顺风车,俗话说"胳膊拧不过大腿",不要总是不顾宏观大势,总认为自己持有的那只股票会逆势而涨。股市的风险很大,只有学会规避风险,才可能在股市里赚钱。

如果你去买股票,一定要看企业的效益如何,千万不要听信小道消息。大家知道美国著名的股神沃伦·巴菲特,多年来,他的资本每年的平均收益率约为20%。他说，他买股票都是投资行为，他从来不投机，他要把这个行业、这个产业的全部都看尽、研究透了才去买。在股票的市场价格低于其内在价值的时候，他做投资，大量买入。他不是短期炒作，而是长期投资。他要看企业的效益，看企业的发展前景，如果这家企业有实力、效益好，这只股票的价格将来一定会上涨。所以，他认为拿钱去投资股票，比把钱放在银行更合适。

让我们换一个角度来看股票的长期价值。在香港，有这样一个真实的故事。很早以前，一些银行股票的价格很便宜，有三个妇女也想去买，但她们不识字，于是就托一个牧师帮她们买了。后来这个牧师去世了。好多年之后，三个老太太找到了牧师的继承人，要兑现这些股票。最后争到了法庭上，法官裁决，每个老太太都分得几百万港元，而当年她们入市时每人才投了几万港元。没想到这些年来银行股的收益非常好，一直向上冲。若干年过去了，她们当年的这种投资行为带来了如此高额的回报。如果当时买进股票，刚涨了一点儿她们就卖了，那么她们得到的只是一种投机收益。这几个老太太虽然不懂股票，也不会判断经济，但客观上她们确实搭上了香港经济发展的顺风车。

所以，作为一个理性的投资者，面对股市，你要有自己的目标，你要知道自己是在投机还是在投资。如果是一种投资行为,那么你一定要了解宏观大势,了解股市的整体行情,一定要在了解这个企业的效益好与坏之后,你才能去投资股票。

所谓看大势,就是要了解现在经济的发展趋势是向上还是向下。你要会看一些宏观经济指标,会判断利率是升还是降。如果经济已经出现掉头向下的苗头,这时你就要知道,股市也会跟着有所反应。而且,股市通常会提前经济3个月到半年做出反应,股市是经济的晴雨表。经济如果不景气,股市会提前反映的。美国市场经济发达,它的股市和经济的相关性比较强。例如,美国对伊拉克战争还没打响,美国股市早就开始向下跌了,美元汇率也掉头向下,这是股市和汇市对美国经济可能受到战争创伤的一种提前反应。而真正等到战争打响,恐慌可能已经过去了,又有新的投资者认为,人们最恐慌的时候正是一个难得的投资低点,又有人蜂拥而进,导致美国股市回升。但不管怎样,你只要做股市投资,就应该对大势有判断能力,尽可能做到先知先觉。你如果后知后觉,就可能接到最后一棒。

让我们从下面的实例中体会哪些因素对股市有重大影响。1982年7月,美国利率下降2%~3%,导致投资者在纽约证券交易所里狂购股票。利率下降2%~3%,这时股市相对而言收益就高了,利率下降后,企业借钱就容易了,也就是说融资成本低了。美国大企业的贷款可能是上亿美元的规模,如果利率下降了2%~3%，企业还款的利息也便宜了，省下的这部分还款利息就变成了企业的纯利润。所以，一面是银行的存款收益下降，一面是股市收益上升，人们自然会将资金从银行撤出，狂购股票，股市表现为升市。

1987年10月19日，美国华尔街股市发生了"黑色星期一"，投资者纷纷抛出股票，导致股市暴跌。这是什么原因引起的呢？当时，格林斯潘就任美联储主席不久，他感觉美国的通胀率太高了，想治理通货膨胀，于是打算提高利率。要知道，央行利率一提高，投资者借钱的成本就会变高，这导致资金需求下降，资金供应也会减少；人们没有那么多钱去购买商品，物价自然就降下来了；人们没有那么多钱去买股票，股票价格自然也要下降。这种资金运动和股票价格运动的方向一旦被市场认可，它的效应就会被急剧放大，股市就表现为暴跌，所有人都慌不择路，不计代价地抛出股票。如果这种恐慌不能被有效制止，股市就会陷入价格暴跌，资金会被迅速从股市抽离，资金的抽离又会导致股价不断下跌，由此形成恶性循环。所以，利率杠杆的作用在股市波动中的影响特别重要。

以上两个实例说明，大家不能只看一个现象的表面，而要看这个现象背后的原因。它为什么会这样发生？它的原因是什么？当你知道现象变动的原因时，你就会知道接下来将会发生什么。

1997年亚洲金融危机也是一个典型实例。危机首先从泰国开始，因为它的经济结构出了问题，外债方面也出了问题，结果被国际游资狙击。继而波及印度尼西亚、马来西亚、中国香港、韩国，它们的货币急剧贬值，股市狂跌。这场金融风暴蒸发了投资者不计其数的财富。这时候投资者如果懂得一些宏观经济知识，就会知道经济已经出现了重大问题，股市接着也会出现大问题。如果投资者懂得判断宏观大势，等不到这场风波波及印度尼西亚、马来西亚，他们就会在中国香港、韩国抽身而逃了，因为他们如果知道接下来会发生什么，就能避免这场金融风暴带来的损失。

　　我们看股市，企业效益是一个因素，利率水平是一个因素，经济好坏是一个因素，政治因素和国际经济形势的变化也是重要因素。政治不稳定，就会导致经济不稳定；经济不稳定，股市就不好。投资者一旦对政治、经济失去信心，就会影响到他们在股市中的投资行为。

　　再看美国，2001年美国发生"9·11"恐怖袭击事件之后，由于美国对阿富汗战争迫在眉睫，于是投资者担心战争打起来会对经济、人身安全造成伤害。在这种情况下，很多投资者会想，我们还是先从美国股市撤出吧，宁可错过赚钱的机会，也要确保资金安全。于是，美国股市表现出明显的下跌。

　　以上我们从不同的角度分析了影响股市的因素。那我们该怎样来看待和判断股市呢？股市究竟是在上升还是在下降，股市上有那么多只股票，怎么能说得清楚呢？判断股市行情的一个重要指标是股价指数，股价指数像是股市行情的温度计，它可以测出一个股市行情的好与坏。

我们要通过什么知道股市的冷与热？就是通过股指的变动。股价指数是一个天才的发明。当股市一直上扬的时候，人们习惯把它叫作牛市；而股市一直下跌的时候，人们习惯把它叫作熊市。股市的上扬和下跌，正是通过股指的变化来反映的。

当今世界都有哪些重要的股价指数呢？

1. 标准普尔500指数，是反映全球股市表现的指数。由普尔先生于1860年创立。标准普尔由普尔出版公司和标准统计公司在1941年合并而成。标普500指数被广泛认为是唯一衡量美国大盘股市场的最好指标。该指数包括了美国500家顶尖上市公司，占美国总市值约80%。2025年5月31日收于5 911.69点。

2. 美国的道琼斯工业指数。它是以1928年10月1日为基数开始计算的。那时是以100作为起点，2025年5月31日收于42 270.07点，这反映了美国经济的整体上升趋势。

3. 美国的纳斯达克指数，主要反映美国高科技公司的股票情况。它从1971年才开始，经过30多年的时间，这个指数在2000年曾经升到5 000多点，后来高科技股票泡沫破灭，导致该指数下降1 300多点，股票的市值随着泡沫的破裂而蒸发。2007年纳斯达克指数已经回升到2 300多点。到2011年3月4日，纳斯达克指数达到2 798点。到2025年5月31日，纳斯达克指数收于19 113.77点。

4. 日本东京的日经指数。日本是全球第三大经济规模的国家，日本经济的起伏对全球经济的影响也是不可低估的。

5. 英国伦敦的金融时报指数。英国的金融业发达，英国是老牌工业国家，并且与美国股市的联动非常密切。

6. 中国香港的恒生指数。香港是亚洲的金融中心，它的经济越来越紧密地与中国内地联系在一起。恒生指数既能反映出国际市场的变化，又能体现出中国国内经济的重大变动对香港产生的影响。而香港金融市场的运作规律又为内地提供了绝好的借鉴。

我们要关心国际股票市场的股价指数。当你看到美国道琼斯指数在向下跌的时候，第二天香港恒生指数可能就会下跌，日经指数也会跟着跌。例如，美国一家大的上市公司的市值可以与俄罗斯全年的GDP总值相当。所以，当美国股市发生变动时，世界其他国家的股市都会产生联动，股市的波动是一浪接着一浪的。

要成为一名理性的投资者，要做好股市投资，要成为股市投资的最后赢家，了解宏观大势是非常重要的。

要辩证地看待中国股市。由于过度透支，中国股市可能要经历一个痛苦的调整期。但从长期看，它还将回到一个上升的轨道上。

如果你没有入市，没有炒股的经验，也没有炒股的时间与精力，你可以考虑购买基金。基金就是专业人士替投资者理财。美国有 1/4 的人炒股，但他们从来都不是自己买卖股票，而是通过买基金的方式，让专业人士替自己理财，这是股票市场未来的发展趋势。基金公司虽然不能做到让你暴赚，但它一般不会让你的投资暴赔，因为这些人具备专业知识，知道如何选择股票，会利用金融衍生工具对冲风险。

资本市场就是这样起伏不定，美国股市也是经历了无数的跌宕起伏才走到今天的。股市就是具有这样的特性，要求投资者学会用最简单和最典型的视角，也就是会用宏观视角。

第十六章

股市泡沫是怎样产生的

18世纪初，英国南海公司股票泡沫破灭，伦敦那条著名的金融交易街因此清静了100年，这期间英国几乎无人再敢问津股票。

20世纪80年代末，日本地价的上涨使得拥有土地的公司股价直线上升。股价的上涨又吸引了更多金融机构不断加入，从而使得写字楼更紧俏，继续推高了东京的地价，导致日本股市泡沫的最终破灭。日经指数从当年接近40 000点跌到2003年8 000点左右的水平，股市的市值已经跌去大约80%。

股市泡沫的形成，一些是股票价格已经被炒得太高了，只得靠制造虚假利润来维持，更多的则是从一开始就涉嫌商业欺骗，伪造利润，诱导投资者做出错误判断，不断买入股票，从而使股价飙升，公司从中牟取暴利，最终导致整个市场泡沫的出现。

当你发现股价只涨不跌，所有投资者都赚钱而且赚钱很容易的时候，那就说明股市过热了，已经有泡沫了，这时切忌贪婪。千万不要接到股市泡沫的最后一棒，这时你要学会抽身而逃。

我们都听说过股市泡沫，又听说股市泡沫一旦破灭是件很可怕的事情：股民的财富急剧缩水不说，甚至最后血本无归。那么，股市泡沫是怎么一回事，它究竟是怎么产生的？

我们说凡是发行股票的公司，在发行成功以后，公司就把股东的钱都拿走了，留给证券交易所的只是相关的手续费。

大家在股市、在二级市场上买卖的又是什么呢？大家在那里交易的是什么呢？是股票。什么是股票？最初的股票是一张纸，一张证书，上面印着股权数量，比如100股，盖有公司董事长、总经理的私章，还盖有公司的公章，这是一张原始股票。这样的股票现在很多人没有见过，因为股票的交易方式先进了。投资者现在买卖的股票在计算机的交易系统中，在上市公司的计算机档案中。投资者在二级市场买了卖，卖了买，他们已经看不到那张原始的股票凭证了。但是，证券公司给投资者的那张交割单上有投资者的买卖记录,会显示投资者拥有哪些上市公司的股票。而且,那些公司的股东档案里也有投资者的名字。

那么,股票是什么?它是一张所有权证书。投资者在一级市场买股票的钱已经被上市公司拿走了,投资者拿到的只是这张所有权证书,证明自己是某公司的股东。投资者在拿走这张证书之后,是不可以找上市公司退钱的,除非该公司回购自己的股票。如果投资者不想要这张股票了,他得到股票的交易市场也就是二级市场去卖掉。如果有人愿意接手,这个投资者就可以卖掉这张股票了。所以,二级市场才是投资者买卖股票的地方。

你看,实际上有两套资金在运作:一套资金上市公司已经拿走了,拿去开展实业经营。如果投资者在一级市场买了这只股票,他们的钱归了上市公司,公司的股票归了他们。上市公司把这些钱拿去从事生产和经营活动,为持有股票的人赚取更多利润。所有投资者手里拿的是上市公司发行的股票,他们可以持有,也可以卖掉,但必须去二级市场卖掉。如果投资者不再看好这家公司,要抛出手中的股票,而有人认为这家公司大有前途,愿意买进,他们就会进行买卖交割,新的投资者用现金买下这只股票。我们说,在股票二级市场上进行交易的还有一套资金,这套资金是投资者买卖股票的资金,它不从事实际的生产活动,所以,有人把它叫作虚拟资本。

什么是虚拟资本?这些资本不从事现实的生产和经营活动,只是通过买卖证券来赚钱。凡是在资本市场里运作的资金都叫虚拟资本。而虚拟资本的运作,其发展趋势是规模越来越大。原来一只股票的发行价格是每股1元,现在它的股价升值了,升到每股10元,这家上市公司的股票原来值5 000万元,现在就变成了5亿元。如果所有上市公司的股价都上涨,那么随着股指的上涨,股票市场的市值就会膨胀,反之,股市市值缩水。

在股市中,股票价格的上涨使得股市的市值也就是虚拟资本大大超过经济领域运作的实际资本。我们在了解虚拟资本的概念后,就可以分析股市中为什么会有泡沫,股市的泡沫又是怎样形成的。

比如,一只股票的发行价格是每股1元,在股票交易市场飙升到每股10元。如果该上市公司的效益非常好,真的赚了钱,那么这只股票确实值这么多钱,如果该公司根本没有赚到这么多钱,甚至还亏损了,这只股票涨到每股10元就有了水分,其虚假部分人们称为"泡沫",这种现象在股市很常见。

让我们用一个形象的比喻来说明股市泡沫是怎么产生的。喝过啤酒的人都知道,当你轻轻把瓶盖打开时,一瓶啤酒就是一瓶的容量。可是,当你把它倒入酒杯的时候,杯中就泛起了泡沫。倒得越快泡沫越多,很快就溢出来了。等一会儿泡沫就会消退,再看杯中的酒,只剩下一半或者更少,那些泡沫不见了。

本来只有一瓶酒,可有人拿着它不停地摇,这一瓶酒就可以倒满很多杯,大家都能喝上一口。其实,大家喝下去的不全是酒,还有泡沫,因为酒只有一瓶。股市泡沫也是这样产生的。本来上市公司的效益不好,经营业绩很差,不能给股东分红,可是公司不断公布利好消息,误导投资者看好这只股票。买进的人越来越多,股票的价格也就越来越高,吹起的泡沫也越来越大。最后,当投资者发现这只股票根本不值这么多钱时,他们就会大量抛售,致使股票价格一落千丈。这只股票以前的价格偏离了价值,从而产生了泡沫。

其实,一只股票有泡沫并不可怕,就怕大多数股票都出现了泡沫,从而导致整个股市泡沫泛滥。股市泡沫如果高过一定的限度,必然会被自身的重量压垮,从而引发一系列股灾,所有投资者的资产都急剧缩水。所以,股市中有些泡沫并不可怕,可怕的是泡沫太多,就像开香槟,大家都喷了一头一脸,看起来热闹闻着也香,可是连一口也喝不上。

股市泡沫带来的危害是非常大的,让我们来看股市泡沫是如何危害整个经济的。

这里讲一个英国南海泡沫的故事。1711年,英国政府成立南海贸易公司，专做拉丁美洲贸易。然而，这家公司经营了8年，却没有做成一桩赢利的生意，不仅一个便士没赚到，连一笔买卖都没干成，公司难以为继。它是英国政府经营的公司，给政府造成的赤字太大了，导致1718年英国国债总额高达3 100万英镑。怎么办呢？英国政府无计可施，决定把南海公司的股票卖给公众。这是一家拥有皇家特许权的公司，于是公司的经营者利用各种条件造势、编故事，推动股价上涨。人们相信了，引发了英国人炒股的狂热。巨大的骗局使公众失去了理性，南海公司的股价在不到半年的时间里，价格从每股330英镑升到1 050英镑。

当时，很多民营公司的发展也需要资金，于是一些公司背着政府偷偷发行股票，这样一来，南海公司的股价就跌下来了。该公司开始游说议会，买通议员，不许民间发行股票。结果英国议会通过了一项《反金融诈骗和投资法》，人称"泡沫法"。它以法律手段打压民间股票，这就更加推高了南海公司股票的泡沫。这是人类社会第一次出现"股市泡沫"这个概念，一直沿用至今。由于它起源于民间，所以"泡沫"不是一个严谨的经济学概念。

借助行政和法规的力量，南海公司的股价继续上涨，而南海公司依然什么生意都不做，继续花着股东的钱，公司没有任何效益。由于政府官员和公司之间的内部交易推高了股价，大量的投机行为击碎了南海公司的泡沫。当人们知道事情的真相后,纷纷抛出股票,导致股价暴跌,因为它原本每股就不值1 000多英镑。为什么股市泡沫最终会破灭呢?因为当有人开始抛出股票的时候,所有人都会跟着抛,没有人买进,没有人接盘,这时股价就会一落千丈,泡沫就是这样破灭的。

当时英国财政大臣卖掉自己的股票,通过内部交易赚了90万英镑。丑闻曝光后,他被关进了英国的皇家监狱"伦敦塔"。但这堆泡沫破灭后,最悲惨的是那些中小投资者,他们损失了一生的积蓄。就连牛顿这样的大科学家也买了南海公司的股票,赔了2万英镑,事后他不无忧伤地说:"我可以准确计算出天体运行规律,却无法计算出股票市场的变化趋势。"

南海事件让英国政府信誉扫地,伦敦那条著名的金融交易街为此清静了100年,这期间再未发行一只股票,英国几乎无人再敢问津股票。南海泡沫给英国人留下了惨痛的教训。

但是,英国股市泡沫的破灭并没有阻挡住后来者的脚步。美国1929年的大股灾是另外一个典型。1929年以前,美国人根本不知道股市泡沫破灭会带来怎样的厄运。在那场股灾中,美国有1 300家银行倒闭、3 700万人失业、5 300家公司破产。股市泡沫引起股灾,股灾不仅给美国经济带来了巨大的损失,也使世界经济陷入大衰退。这场经济危机直接促成了纳粹德国和日本这两个第二次世界大战策源地的形成,法西斯分子和军国主义分子在乱中夺权。这场股灾让人们认识到股市泡沫的严重危害性。因此，美国在1933—1934年间相继出台了《证券法》和《证券交易法》等一系列规范市场行为的法律，它们作为股市的守护神，成了遏制股市泡沫最为有效的利器之一。

英国有过股市泡沫破灭的惨痛教训，美国也没有躲过泡沫破灭的厄运。但是股市泡沫膨胀的机理像癌细胞一样在世界各国蔓延，泡沫破灭的悲剧不断上演。

到20世纪80年代中期，日元的迅速升值炒高了日本股票市场的热度，加上日本政府推行的金融自由化政策，使得许多日本人坚信东京有望成为继纽约、伦敦之后又一个国际金融中心。世界各地的银行、证券公司蜂拥而至，东京一下子暴露出写字楼严重不足的问题。于是日本政府出面，一个庞大的东京湾沿岸开发计划开始实施。这项计划要在东京湾修建5 000公顷的写字楼，这个举措极大地促进了东京地价的上涨，尤其是东京市中心的地价，仅仅两年时间就上涨了3倍，可见股市的繁荣对地价的上涨起到了推波助澜的作用。

有一家钢铁公司由于债台高筑，已很难经营下去，但是该公司在东京湾临海中心有12平方公里的闲置地皮，而这块地皮被列入了政府东京湾沿岸的开发计划，1988年这家钢铁公司的股票价格仅一年时间就涨了近3倍。日本地价的上涨使得拥有土地的公司股价直线上涨，股价的上涨又吸引了更多金融机构不断落户东京，从而加剧了写字楼的紧俏，继续推高了东京的地价。如此循环往复，相互推动，日本的经济泡沫越吹越大。

后来计算，1955—1990年，日本房地产价值增长了75倍。1990年，日本地产的总价值预计为20万亿美元，相当于世界总财富的20%还多，是全球股市总市值的2倍。美国本土面积是日本的20多倍，但是1990年日本地产的价值相当于美国全国地产总值的5倍。从理论上说，日本可以卖掉东京湾而买下全美国；只要卖掉日本皇宫，就可以买下美国整个加州。日本经济泡沫不可思议的程度由此可见一斑。

在这种情况下，由于日本经济的过度膨胀，大家都觉得自己财富多了，可以一夜暴富。然后大家就去消费、投资、花钱，好像财源不断。这种影响马上会波及所有的市场，很容易导致整个国家经济泡沫的出现。最后，日本同样没有逃脱股市泡沫破灭的厄运。日本股市从20世纪90年代初日经指数接近40 000点跌到2003年8 000点的水平，股市市值跌去大约80%。由于股市泡沫的破灭，日本经济陷入了长时间的低迷，在谷底徘徊了20年之久。所以，股市泡沫激增是非常危险的，应该引起各国政府的高度警惕。

日本还没有从衰退的阴影中走出来，1997年东南亚的新兴国家又上演了一出更为惨烈的泡沫悲剧。只是这次与以往有所不同，东南亚新兴国家的经济和股市泡沫是在国际游资的蓄意攻击下破灭的，股市泡沫的破灭有了新的教训。关于这场金融危机的灾难，我们将在下一章重点描述。

股市泡沫破灭的悲剧不仅在不同的国家轮番上演，即使在同一个国家也会反复出现。在美国，2000年高科技股票出现了大量泡沫，股票从每股1美元升到100美元的例子非常多，尤其是当时的互联网股票。到2000年4月，美国发生了纳斯达克股票市场的暴跌，纳指从5 000多点的高位跌至1 300多点。很多曾经风光无限的股票，价格只剩一半。美国不少股票的市值跌去80%~90%，有些公司甚至倒闭破产清算，这在泡沫破灭后的股市中极为常见。但不管怎样，这些股市泡沫的形成，都在一轮又一轮不厌其烦地鼓吹和重复着那些上市公司遥远的业绩神话，而神话终归是神话。严重的透支行为迟早要付出惨重的代价。

说到底，股票的市场价格是和公司的获利能力相匹配的。于是，当股票价格涨到一定程度的时候，在巨大利益的驱动下，一些上市公司不惜编造财务报表，伪造利润，欺骗投资者。这样的情形在美国那样的成熟股票市场并不鲜见。2002年，美国又出了世界500强企业造假账丑闻，世界通信公司、安然公司、施乐公司等企业巨头纷纷落马。在这些丑闻中，一些是因为股票价格已经被炒得太高了，只得靠制造虚假财务利润来维持，更多的则是从一开始就涉嫌商业欺诈，伪造利润诱导投资者做

第十六章 股市泡沫是怎样产生的

出错误判断,不断买入股票而使股票价格飙升,最后导致股市泡沫膨胀。所以,同股票市场里的虚假行为做斗争,对各个国家的政府和监管部门来说都是一个长期而艰巨的任务,因为股市的利益诱惑太大了。

所以要牢记,股市虽然是人们投资和投机的场所,但股市绝对不是稳赚不赔的市场。而且股市的发展是与宏观经济形势紧密结合在一起的。在上市公司效益不好的情况下,股价怎么可能上升,股指怎么可能上涨呢?如果股价上涨,那只是短期的行情,只是人为炒作的结果。如果加上不断的人为编造业绩神话,泡沫越吹越大,直至最终破灭,绝大多数投资者将血本无归。

中国股市已经走过了30多年的历程,中间也经历了几次大起大落。股市刚开放时,我国的股市投资者没有经验,他们还没有弄清楚,看到股价一路上涨,胆大的便不管三七二十一就冲了进去,赚了大钱。后来人们是听到点儿消息就往里冲。结果在宏观经济形势不好的情况下,或者在经济进行治理整顿的时候,股市出现了大幅下跌,很多投资者损失惨重。回顾中国股市的历史,从升到跌,从跌到升,这样的轮回周而复始地进行着。从2001年起,中国股市大跌了5年,上证综指跌到998点;但是到了2006年、2007年,仅用两年时间又升到6 000多点,接着不到一年又回到2 000点下方。2015年股市又是一轮暴涨，之后大跌。股市涨跌的背后其实都有原因，它们与宏观经济大势息息相关，所以学会看宏观大势很重要。

说了这么多股市泡沫的可怕之处，也许你会想，既然股市存在大量问题，如投机行为、股市泡沫、爆发股灾、引起金融风暴等，那么为什么各国政府都允许股市存在，我国政府还要大力发展资本市场呢？原因有如下几点。

第一，股市是企业的一条融资渠道。企业的发展需要钱，到哪里去找呢？股市是投资者自愿交易的一种方式，买者和卖者自愿走到一起来，这是一条自愿融资的渠道。

第二，股市会使资金从效益不好的企业流向效益好的企业。如果某企业的效益不好，投资者就不会去买这家企业的股票，或者把这只股票抛出，投向效益好的企业，资金就会自动转向效益好的企业。

第三，股市促进企业改善经营管理。公司的股票上市后，每年都要公布公司业绩年报。如果效益不好，公司的股价就会下跌，所以股市能促进企业改善自己的经营管理。

第四，股市是政府税收的重要渠道。上市公司有了相对良好的经营管理，有了相对有效的监督机制，有了良好的业绩，股市也就成为政府一条重要的税收渠道。我国政府征收股市交易印花税，现在每年大约会有5 000亿元人民币滚进财政的口袋里。

所以，股市是一国经济发展的一个非常有效的组成部分。只是我们应该注意，在利用股市对经济有利的一面的同时，还要注意控制它的危害。这也是我国政府近几年来一直不断强调要整顿金融市场秩序的根本原因。尽管看到了股市中的问题，但只要政府制定好规则，严格管理，它就会健康发展。我们只要对股市泡沫始终保持高度警惕，就可以将股市泡沫对经济的伤害降到最低程度。

作为个人，我们要学会看什么样的指标能够判断经济太热了，股市中有泡沫了。如果你发现在股市里赚钱太容易了，股市只涨不跌，所有投资者都在赚钱，那就说明股市过热了，已经进入博傻阶段。每个后来的进入者，或者股市里面的坚持者，随时都可能接到股市泡沫的最后一棒。这时你要准备抽身而逃了。

第十七章

金融风暴是如何形成的

由于全球经济一体化步伐的加快、各国经济关联的紧密、经济循环速度的加快，一个国家出现的金融危机很快就会波及另一个国家，形成一场大范围的金融风暴。

　　在 1997 年席卷亚洲的金融风暴中，很多企业破产倒闭。泰国、马来西亚和印度尼西亚等国，由于国民的工资收入普遍下降，通货膨胀使国内物价普遍上升，人民实际生活水平降幅平均超过 30%。由于经济不稳定，很多国家出现了严重的政治和社会动荡。2008 年在美国爆发的金融海啸更为严重。

　　金融风暴是怎样形成的？它为什么来得如此迅猛？作为一个普通投资者，当看到股价、楼价、物价都在疯狂上涨且长时间居高不下时，就应该知道金融风险离我们不远了，你要学会规避风险。

我们看到，当投机风气盛行的时候，股市泡沫膨胀，很容易引发股市危机甚至金融动荡。但金融危机并不完全是由股市产生的，股市只是引发金融危机的一个重要环节，由债务危机引发的金融危机近年来也频频发生。

1997年，一场空前的金融风暴席卷了亚洲许多国家和地区。风暴首先从泰国开始，泰国股市出现了大量泡沫，国家的债务结构严重失衡，给了国际游资策动攻击的可乘之机。泰国的货币泰铢成了国际游资攻击的突破口。在国际炒家精心策划的一揽子方案的猛烈攻击下，1997年7月2日，刚刚上任12天的泰国财长塔隆，面对日益枯竭的国家外汇储备和日益明了的巨额外债负担，终于放弃了执行13年之久的固定汇率制度。就是这一天，当泰国民众一觉醒来的时候，发现手中的泰铢贬值了，陡然间失去了20％的国际购买力。一国的汇率一旦被击垮，该国的货币就会迅速贬值，因为人们都不愿持有本国货币了。

泰国金融体系被击溃之后，金融风暴迅速扩散。1997年7月11日，不堪重负的菲律宾政府放弃了固定汇率制度，菲律宾比索应声暴贬；7月14日，印度尼西亚政府面对尚不足200亿美元的外汇储备和1000亿美元的巨额外债，忍痛宣告印尼盾失守；8月8日，马来西亚政府在国际游资的强大攻势下，放弃了捍卫林吉特的努力。至此，号称亚洲经济"四小虎"的4个国家全部倒下，新加坡的股市、汇市同样跌进了深渊。这些国家的汇率遭到攻击，它们的货币都不同程度地贬值了。

但是，这场金融风暴远没有就此完结。8月15日，它又在我国香港和台湾地区登陆。10月18日，台湾地区在拥有830亿美元充足外汇储备的情况下突然宣布放弃固定汇率制，使得新台币汇率一举跌破了30新台币兑换1美元的心理大关。随即，香港成为国际投机资本的众矢之的。10月20日，香港打响了港元保卫战。经历5天腥风血雨的激战，港元守住了，但香港股市恒生指数却早已跌破万点大关，与两个月之前的市值相比，港股4.3万亿港元的总市值已经跌去一半，缩水2万亿港元。

金融风暴在中国香港受挫后，并没有停下它的脚步。11月7日，又在韩国首尔登陆，作为全球第十一大经济实体的韩国仅支撑了10天，韩元即告弃守，瞬间跌破1000韩元兑换1美元的关键价位，跌幅高达20%。到12月2日，韩国中央银行外汇储备只剩下60亿美元，而此时韩国外债总额达1 100亿美元，其中1年内到期的短期外债达800亿美元，而在20天内必须归还的外债总额竟高达200亿美元。韩国还不起外债了，难怪当时韩国总统金泳三不无悲伤地说："韩国政府实际上已经破产了。"

12月3日，金大中和三位总统候选人加上国会议长，一起在国际货币基金组织提出的救援条款上签字画押时，金大中说："1997年12月3日是韩国的国耻日。"至此，亚洲经济"四小龙"和"四小虎"在这场金融风暴中几乎无一幸免。

我们现在回顾1997年这场亚洲金融风暴，不仅看到了它的残酷，更值得思考的是，金融风暴究竟是怎么形成的？面对这样的风暴，我们能做些什么？

这场风暴起于泰国。当时，一部分国际炒家已经看到泰国的经济变得虚弱了。泰国政府借了大量的外债，短期的热钱大量流入泰国，去追逐泰国房地产市场中迅速膨胀的财富，尤其是太多的人把钱投到了股市。国际炒家已经看准泰国经济出现了重大隐患，很难抵御大规模持续的金融攻击。于是，他们首先在汇市上发难，一个开放的国家币值是否稳定，直接影响到国民对本国经济的信心。国际炒家利用成倍放大的金融杠杆工具，大量从泰国银行借入泰铢，反手又在汇市交易中大量抛售泰铢,迫使泰国政府为了维持汇率的稳定,不得不动用手中的美元储备承接泰铢的抛盘。结果,泰国政府本来就不多的美元外汇储备很快就不够用了,而政府短期外债到期,还本付息压力越来越大,最终不得不放弃泰铢与美元的固定汇率,那些国际炒家在泰国得手了。

在这个过程中,国际游资攻击一旦开始,大量流动性强的资金就会不断地迅速撤离股市。这时,股价就会一轮接一轮地大幅下跌。银行为规避风险,被迫开始紧缩银根,很多管理不善的银行甚至被迅速逼到破产边缘。这样,汇市、股市双双暴跌,人们对国家经济的信心急剧下降,更是不断从股市抽逃资金,都去银行挤提自己的存款,把手中的泰铢尽快换成美元。于是,整个国家的经济陷入了恶性循环,并处于全面崩溃的边缘。

那么,国际炒家把汇市、股市都砸下去了,他们还怎么赚钱呢?这是我们在上一章金融市场中没有讲的内容。成熟的国际金融市场交易中存在大量的金融衍生产品交易。这些交易有很多是纯粹的套利工具,这些金融产品的设计是有做空机制的。所谓做空,是指如果你判断某种金融行情会下跌,而且你判断对了,你买的金融产品不是看涨而是看跌,那么在行情下跌的过程中你就可以赚钱了。所以,在东南亚这些国家已经开放的金融市场交易中,国际炒家利用了大量做空的交易手段。他们在汇市、股市的大幅下跌中获得了暴利。

以股市为例,国际炒家可以在股价处于高位时开始大量抛出股票,首先获取他们在高位卖出和当初在低位买入的差价利润,然后继续抛出股票。后一个做法常常令人不解:股票已经跌得一塌糊涂了,为什么他们还继续抛出呢?他们甚至高价吃进,低价抛出!实际上,他们已经不是靠买卖股票的差价获利了,而是通过大量抛出股票使得股价下跌,从而带动股指下跌。这些炒家早已在抛出股票之前买入了大量看空股指的交易单。所以,很多人在看着炒家们不惜血本在股市上抛售股票的时候,却不知他们悄悄地从股指期货的看空交易中赚了大钱。

讲一个相对容易理解的股票做空交易:假设炒家手上本来没有股票,他在某只股票的市场价格为每股 10 元的时候,从某股东或者机构手上借来 1 000 股,这时炒家在 10 元价位时全部抛出,会获得现金 1 万元,等股票价格跌到每股 8 元的时候,他再花 8 000 元就可以买回 1 000 股,然后把这 1 000 股股票还给原来的机构或股东,最后他自己手上就可以有 2 000 元的获利。当然,这只是做空股票获利的一个简单例子。实际的操作还要受大量复杂的游戏规则的约束。

外汇套利交易的原理也有类似的地方。比如,在亚洲金融风暴初期,有外国金融机构从泰国银行借到 250 亿泰铢,又以 1∶25 的比例兑换成 10 亿美元;当泰铢汇率被攻击,跌破 1∶50

第十七章 金融风暴是如何形成的

的时候，炒家可以将这10亿美元兑回500亿泰铢，再将其中的250亿泰铢连同利息等费用还给银行，就可获得大约250亿泰铢的利润或保留5亿美元，这5亿美元就是炒家赚的钱。

不过，一个值得重视的问题是，这些做空的金融交易，尤其是期货（比如股指期货、外汇保证金）交易，都有金融杠杆的放大作用。简单说就是，这些金融产品的游戏规则允许他们将实际股票交易市场中反映出的损益，进行数倍甚至数十倍的放大以获利。比如，当国际炒家攻击泰国时，游戏规则可能允许有良好信誉的金融机构在自有100万泰铢资金时，可以从银行融资1 000万泰铢来做交易。又比如，做外汇保证金的交易，你想做200万元，但实际并不需要付这么多现钱，按照游戏规则，可能只需要付5%的保证金，也就是10万元，按照20倍的放大比例来做。如果你看好的外汇涨了1%，那就意味着你赚了200万元的1%，也就是2万元，而对于你10万元的本金来说，收益率已经达到了20%。当然，你做反了的时候，赔起来也一样可怕。

所以，实际操作中又出现了对冲基金等模式，就是一个机构做两个相反方向的交易，以此来规避行情做反的风险。总的来说，正是由于金融交易中杠杆效应的大量存在，当金融市场出现风险的时候，影响也会被成倍甚至几十倍地放大。这也是很多人不太理解金融风暴来得如此迅猛的一个重要原因。

在 1997 年这场惊心动魄的金融风暴中，有一个著名的国际炒家索罗斯，他是量子基金的掌门人。当时他只用了 9 000 万美元，几个月后他的账户上就有了 20 亿美元的进账。可怕的是，这场金融风暴调集的国际游资的总量有 1 000 亿美元。这么大规模的资金被用来对一个国家的金融市场进行密集攻击，哪个国家有这么多的外汇储备呢？它们怎能抵抗住这么高强度的攻击呢？

现代金融市场的特点是以光速在挪动金钱。一个电话、一台计算机就可以在互联网上下单，瞬间就可以完成一笔大的金融交易。无论这个投资者或国际炒家在世界的哪个角落，他都可以进行操作，这使得任何一个金融市场开放的国家，都难以抵御如此大规模和高速度的金融攻击。一个国家的金融体系一旦被攻破，该国的巨量财富就会被国际炒家一阵风似的卷走，本国经济则马上陷入恶性循环，进而面临全面崩溃。最可怕的是，人们的信心一旦决堤，金融危机就会像瘟疫一样在周边国家和地区之间相互传染。

所幸的是，在 1997—1998 年亚洲金融风暴中，这些国际炒家没能在香港得手。香港的联系汇率制度没有被攻破，香港股市也在特别行政区政府救市之后出现了回升，这与香港的金融管理制度健全和银行体制的健康是分不开的。当香港金融市场被攻击之后，香港金融管理局密切监视着所有大量借钱的那些外国机构，并且用市场行为的方式与这些国际炒家对阵。香港当时的隔夜拆息率一度高达300%，就是借1港元要还3港元，这意味着那些国际炒家在借钱的时候成本已经非常高了。同时，香港金融管理局拥有880亿美元的外汇储备，还有祖国内地更强大的外汇储备做后盾，国际炒家冲击港元联系汇率最终失败。当时香港180多家持牌银行，没有一家出现储户来提钱时银行没钱支付的情形。香港银行的自有资金高于国际规定的8%，而银行的呆坏账率不足2%。所以，国际炒家把香港当作提款机的阴谋最终没能得逞。

通过香港的案例我们也可以看到，在金融风暴中，一个健康的金融管理体系和强大的经济实力后盾是多么重要，这些都是有效制止金融瘟疫蔓延的利器。

1998年9月，在香港举行的国际货币基金组织年会上，马来西亚时任总理马哈蒂尔和国际炒家索罗斯碰到了一起。马哈蒂尔拍案而起，怒斥索罗斯："你这个'慈善家'，竟然以慈善家的面目使得穷人更穷，富人更富！"索罗斯回击说："如果你们国家的经济没有问题，怎么会有人来炒你们呢？是你们国家的经济出了问题，才会有金融危机。"

由此也提出了一个问题：一个国家出现金融危机的原因究竟是什么呢？

一些东南亚国家为了促进经济快速发展，就放开了本国资本市场，允许外资自由出入。于是，短期资本都来了，人们把短期资本叫"热钱"，它们是投机资本。同时，政府借了大量的外债，资金不断流入这些新兴市场经济国家。钱一流进来，经济发展就快了。这些资金投资股市、地产、实业，使得这些国家呈现出欣欣向荣的面貌。但是好景不长，这些国家的经济结构在不知不觉中开始出现问题。一国经济在高速增长的过程中很多问题暂时被掩盖了，经济中出现的大量泡沫还没有被及时清理，就被国际炒家抓住了机会。等到本国政府意识到出了问题，为时已晚。金融危机带来的后果是经济萧条，货币的贬值是由本国人民来承担的，因为所有人手中的钱都贬值了。

在1997年的亚洲金融风暴中，中国是唯一幸免的国家。我们没有遭到国际炒家的袭击。这是中国政府做得最出色的地方，也令世界各国刮目相看。其中关键原因在于，我国没有开放资本市场让外资进来。我国在金融体制改革过程中相对谨慎，没有操之过急。没有像东南亚那些新兴的工业国家一样，及早开放了资本市场。

我国在20世纪90年代金融体制改革的过程中，只是开放了经常项目下的人民币可自由兑换，没有放开资本项目下的人民币可自由兑换，就是没有允许外资进入我国的资本市场、股票证券市场。同时，我国政府没有借入大量的短期外债，我国还有强大的外汇储备。正是这些因素的存在，才使得我国躲过了亚洲金融风暴。

应该看到，我国的金融市场还不成熟，我国的股市相对年轻，法规不健全，管理不够完善，股市中很多的游戏规则还处在慢慢形成和试探的过程中。中国的金融市场是一个相对谨慎的开放领域，同时也是亟待完善和提高的领域。

我国的资本市场迟早是要放开的，人民币终将走向可自由兑换。所以，加强银行监管，防范金融风险，防止国际热钱抄底中国，健全金融监管的法律法规，规范金融市场的秩序，是我国政府面临的重要任务。

作为一个普通投资者，重要的是学会找到在这个市场中生存的机会，学会看经济和金融中可能出现重大问题的苗头，当金融危机和金融风暴真的来临时，能成功地规避风险，不赔就是赚。

第十八章

汇率是宏观中的宏观

进入21世纪以来,欧元一路飙升,而美元却一路下跌。美元和欧元的汇率为何会走出不同的趋势?

我们说,影响一国汇率根本走向的是一国的综合实力和经济增长速度。简单地说,一国经济高速增长,汇率就会上升;一国经济衰落,汇率就会下降。例如,中国经济高速增长,带来人民币的升值,表现为人民币汇率的上升,外汇储备的增加。人民币升值,对个人、企业、政府都会产生一定的影响,我们不能忘记日元升值的教训。

汇率,现已成为国与国之间综合实力的比较与较量。国际汇率的形成,综合了一个国家政治、经济、军事、制度,甚至包括国民心理和文化上的比较。汇率可以算得上宏观中的宏观,它几乎可以折射出一国宏观经济的全部问题。随着中国经济的发展,汇率是每个人都需要掌握的常识。

最近几年，国内那些手中握有美元的人开始感到了一种前所未有的压力。因为用美元兑换人民币明显越来越不合算了。有些人过去通过黑市用9元左右的人民币兑美元的价格买入的美元，如今不但没有保值升值，反而已经赔钱了，2010年底美元兑人民币已经跌到了1∶6.76以下的水平。2024年底美元兑人民币是1∶7.19的水平。汇率问题不管在国内还是国外都已经成为人们越来越关注的焦点。

　　实际上，汇率反映的是两国货币的比较，反映的是两国的经济甚至政治和军事实力的比较，汇率可以算得上是更大范围的宏观问题。

　　汇率是怎么产生的呢？最早的汇率是由于各国之间进行贸易往来时，货物和商品交易需要支付各自的货币，两种货币交换形成一个比价，这个比价就是汇率。通俗地说，汇率是两种货币交换的价格。

比如，中美之间做交易，如果美国商品出口到中国，我们用什么货币和它结算呢？这要看合同的规定，可能用人民币结算，也可能用美元结算。如果是以美元支付，那就要先按照汇率换算出应该折合多少人民币，再由银行兑换成美元付给外商。

看似简单的兑换行为，其实里面大有学问。我们在合同中选择以什么货币支付，什么时候支付，是以签约时约定的汇率支付，还是以实际支付时的即时汇率支付，都会对交易的利润产生影响。有些企业在跟外商交易时，本来其账面上已经赢利了，可是等到要支付外汇的时候，一换算才发现自己没赚反倒赔了。为什么呢？因为在支付的时候，国际汇率行情已经发生了重大变化。有些货币升值了，有些货币贬值了，汇率发生变化了。

比如日本政府，它希望日元强势还是弱势呢？它希望日元的汇率是高还是低呢？从目前经济发展的角度来讲，如果日本希望大量增加出口，就希望日元贬值，日元贬值有利于其出口。这时，我们就要小心了，在和日本签约的时候，就要预见到将来可能发生的汇率变化。尽管日本希望日元贬值，但如果美国经济突然出现重大问题，比如发生新的战争，日元兑美元的汇率可能会急剧升高。如果没有考虑到这些因素，同样会影响你和日本做生意的最终利润。做成一笔生意本来就不容易，可能它的利润是10%，结果汇率在对你不利的方向波动了10%以上，这笔生意就等于白做了，甚至还会赔钱。我们说，和外商做生意的人如此，那些利用外汇交易进行资产保值增值的个人和企业就更要留神了。

说到日本，为了有利于出口，它希望日元贬值。当日元贬值后，它把商品出口到别的国家，当地人就可以用相同金额的本国货币买到更多的日本产品。相当于日本产品便宜了，在国外有了更大的市场，日本产品就可以大量出口。所以日本是一个贸易顺差大国。

美国走的却是一条相反的路线。美国政府在20世纪90年代一直走强势美元的路线，这有利于进口。大量进口外国便宜的消费品，也有利于降低国内通胀率，还能稳定民心。美元强势，相当于它可以花很少的钱买到别国更多的商品。结果，美国成为一个贸易逆差大国。

可进入21世纪，2008年美国爆发了金融海啸，美国经济出问题了，美国政府开始救市，实行量化宽松的货币政策，促使美元贬值，以达到加大出口、减少进口、减少贸易赤字的目的。美元处于跌势之中，美元不断贬值，各国汇率都出现了重大波动。各国之间展开贸易战、货币战、汇率战。学习经济学理论，更多是明白汇率是怎么形成的，它是根据什么变动的，怎样看待不同的货币，汇率变动背后的经济原因有哪些，它们涉及国力是否雄厚、经济增长率如何、物价变动如何等一系列因素。

2002—2007年这段时间，外汇市场上比较引人注目的是欧元。大家知道，欧元刚发行的时候币值比美元还高，也就是1美元兑不到1欧元，后来跌到0.82美元可以兑1欧元，但是到2007年，大约1.48美元才能兑到1欧元。美元贬值了，欧元升值了。

欧洲国家在做贸易的过程中，为兑换货币所付出的交易成本太高了。为了降低交易成本，全面提升欧洲在全球经济格局中的竞争实力，有了组成欧洲货币联盟的想法，欧元就产生在这种想法之上。欧元是欧盟（从最初12个成员国发展到2007年25个成员国）统一使用的货币。

当欧元开始作为一种统一货币成为国际结算货币并进入外汇交易市场以后，人们非常看好它的前景。人们觉得欧元降低了欧洲各国货币之间的交易成本，使得欧洲经济整体趋势有了向上突破的可能。没想到的是，自从欧元面市后，欧元兑美元的汇率从1∶1.2的高峰跌到1∶0.82的低谷。也就是说，原来需要1.2美元才可以兑换1欧元，后来只用0.82美元就够了。欧元相对美元大幅贬值。在这个过程中，美国经济处于上升趋势，国际资金大量流入美国，而欧洲经济处于下降趋势，所以欧元兑美元才表现为一路下跌。其中既有欧洲经济和美国经济之间的较量，也有国际政治上的较量。我们说，汇率是反映一国经济全方位因素的一个指标。

无论如何，欧元诞生是世界上的一个创举，是一个非常伟大的创举。一个地区的不同国家使用同一种货币，为欧洲经济的进一步发展提供了条件。欧洲这块版图上大多数都是小国家，如果乘飞机或火车旅行，一天就可以走好几个国家。欧洲的国家都不太大，可是它们的经济发展却很快。欧洲各国有着频繁的贸易往来，但是各国之间的货币兑换所产生的交易成本严重制约了欧洲经济的发展。最后，欧洲国家创造出统一的欧元作为共同使用的货币，这是一件很不容易的事情，欧洲国家需要在经济、政治、国防上高度协调一致，才能达到共同振兴欧洲经济的目的。如今，越来越多的国家加入欧盟，更多的国家在使用欧元。

欧元正式作为流通货币是从2002年1月1日开始的。欧元流通了很长时间之后，媒体报道说，欧元运行得比较好。记者到法国巴黎街头去采访，那里的人们说："我们现在都接受欧元了，我们的交易都以欧元来定价了。"我们看到，一个强势的欧元在逐渐形成，欧元兑换美元已经从低谷时期的1∶0.82升到了2007年的约1∶1.48的水平。也就是说，1欧元比1美元值钱了。

我们再来看，欧元面市后不断贬值的过程是不是有利于欧盟各国的商品出口？欧洲经济在这个过程中逐渐积累了实力，欧元的使用减少了以前多国货币之间的兑换环节，节省了交易成本，这样欧洲经济的运转速度就加快了。当然，从另一方面来看，美国经济经过了10年的高增长后，发展势头开始放缓，多年的强势美元已经伤害了美国的生产、贸易等一系列经济活动，这也为欧元的升值提供了一个相对有利的条件。

但是，受到2008年美国金融危机的影响，2010年欧洲的一些国家爆发了欧债危机，欧元受到拖累，有些下跌和贬值，导致人们开始担心欧元未来的前途。以上谈的是企业在做贸易、个人在持有货币资产时要考虑汇率变化。现在欧元、美元和人民币汇率发生这么大的变化，一个国家的外汇储备也面临同样的问题。比如，以前中国外汇储备的很大一部分是买美国的国债，现在我国政府会想，不要握有那么多的美元作为外汇储备了，可以兑换一部分欧元甚至日元作为外汇储备，或者买一些黄金作为外汇储备的一部分。家庭不应该把所有鸡蛋都放在一个篮子里，国家同样如此，都要规避汇率变化带来的风险。

因此，当我们不看好美国经济，想拿外汇储备去兑换一部分欧元的时候，别国政府同样会这么做，它们也会把自己外汇储备的一部分兑换成欧元。结果，当各国政府都去兑换欧元时，欧元的价值就会被推高，这也会加剧美元价值的下跌。所以，汇率是货币的价格，它也是由供给和需求决定的。如果各国都去兑换欧元，国际金融市场对欧元的需求就会增加，欧元就会越来越值钱，它的汇率就会上升。反之，如果大家都不要它，它的汇率就会下降，就会变得越来越不值钱。

进入21世纪以来，很多国家货币兑美元的汇率都出现了明显的升势，各国汇率之间为什么会出现这样的变化？透过这些表面现象，我们要分析一下其背后的原因。为什么人们不看好美元了？为什么美元会跌那么多？

我们说，影响一国汇率根本走向的是一国的综合实力和经济增长速度，这才是影响汇率趋势的根本因素。简单来说，一国经济实力、综合国力的增强，也会增加一国货币的信用，增强人们持有它的信心，人们不担心它会马上贬值，不担心它的政府会做出不负责任的举动，从而愿意持有该国货币作为资产来保值。同时，如果一个国家经济高速增长，或者处于增长周期中，人们就愿意持有该国货币以使自己的资产增值。因为一个国家经济高速增长，就意味着经济中存在大量的致富机会，这会带动国内外对该国货币的需求，在汇率上反映为一国货币汇率的上升和货币的升值。

就中国的情况来看，国家外汇储备在2010年超过了2.8万亿美元，居各国外汇储备之首。中国经济的高速发展，吸引了全世界的资金来中国寻找机会，参与投资和贸易，这使得对人民币的需求大幅上升，这是经济规律使然。中国在2005年7月宣布调整汇率，从1994年以来美元兑人民币1：8.27的水平调整到了1：8.11。面对人民币的大幅升值我们该怎么办？个人、企业、政府都该考虑。

站在普通人的角度判断汇率的变化，其实有更简捷的方式，那就是专业术语讲的购买力平价。我们说一种货币值钱与否，最终看你拿它能够买到多少东西。比如，以2025年3月的汇率水平来看，在美国花1美元买一篮商品，在中国花7.2元买一篮商品，把这两个篮子拎起来比较，看哪个篮子里的东西多。这就是购买力平价理论。如果1美元买到的东西多，说明美元更值钱；如果7.2元买到的东西多，说明人民币更值钱。

按照购买力平价理论，两国货币的汇率主要是由两国货币的购买力决定的，两种货币购买力的比价就是汇率。也就是买同样的东西，看各自花多少钱，或者花同样的钱各自能买到多少东西。如果一个国家的物价水平越来越高，或者通胀率越来越高，那就说明该国货币的购买力在下降，这种货币越来越不值钱，表现在汇率上就是贬值。所以，像阿根廷金融危机、俄罗斯金融危机等，如果一国出现了严重的通货膨胀，它的汇率就会一泻千里。

反过来说，当一国汇率形成后，它将如何影响人们的交易行为呢？假如美元兑欧元的汇率是1：1，买同样一部奔驰轿车，在美国要6万美元，在欧洲只要5.6万欧元，这就会促使人们把美元换成欧元，到欧洲去买车，因为在欧洲买车便宜。对欧元的需求就会上升，从而带动欧元升值，也就是说欧元变贵了。当资金不断往欧洲流动，欧元越来越贵，到一定程度，人们就不再换成欧元去买奔驰车了，因为换欧元贵了，不如在美国花美元买奔驰车了。这时候，汇率就会停在一个适宜的价位，人们不会再为了去买别人更便宜的商品而产生对别国货币的需求。这实际上就是购买力平价理论在现实汇率中产生的影响，只不过这样的影响还会受到信息不对称、交通成本以及关税成本等因素的限制。

用购买力平价比较，是1美元买的东西多，还是7.2元人民币买的东西多，大家的体会还不那么深刻。你如果到东南亚国家去旅游就会发现，当地人非常愿意收人民币，因为人民币有相对充足的购买力。这说明中国经济处于上升趋势，人民币越来越被国际市场接受，并作为交易的支付手段。

一国货币在外汇市场上代表什么？它代表这个国家的经济实力，代表该国的经济是否繁荣，国力是否强盛。当人们越来越看好人民币时，说明中国经济的发展趋势是向上的。再看俄罗斯，许多年以前，1卢布可以兑换2美元。到1991年底，1美元能兑换100多卢布。俄罗斯经历了巨大的政治和经济动荡，到现在它已经换了几次货币。什么时候卢布能成为一种强势货币,将取决于俄罗斯的经济发展和国力增强。

影响汇率变动的还有一国的利率、通胀率、失业率、国际收支等多方面因素。

其实老百姓有时候看不到这么细。相反,当看到一些简单事实的时候,他们对汇率会做出直观的反应。比如美国可能要打仗了,美元汇率明显表现为下跌,但同样的因素却导致瑞士法郎大幅上涨。为什么呢?因为瑞士是一个中立国家,相对来说,是一个政治风险低的国家,尽管它的经济并不是那么强大,但在国际战事存在的时候,瑞士法郎作为避险货币能吸引大量国际资本,从而带动汇率大幅上扬。政治和战争因素会对汇率产生影响,其轻重程度要看战争时间的长短、规模的大小。类似的情形,比如某些国家政局不稳定,也会导致本国货币汇率下跌。

有关汇率和汇率变动是做贸易、做投资的人需要具备的起码知识,比如到了战争将要发生的时候,你持有的货币万一贬值了怎么办?对国家来说,如果能做到提前把一部分货币兑换一下,把那些外汇储备也兑换一下,就能有效规避一定的汇率风险,甚至通过准确的判断抓住赚钱的机会。你如果是做国际贸易的,就可以在进出口原料的价格和时机上做文章;你如果是做金融的,就可以在汇市上把握机会;你如果原来一直看好美元,手里握有一些美元,在看到美国和伊朗战争的危机后能及时把美元兑换成欧元，可能就抓住了一个机会，至少可以减少一些损失。

由于战争，国际汇率的大幅波动为人们提供了很好的观察经济的机会。我们要养成一个良好的习惯，要关注汇市、关注股市，还要关注宏观经济指标和数据的变化。这样便于你的企业发展，便于你的财富增加，使你不至于在国内宏观经济环境发生大的变化，甚至国际经济环境发生重大变化的时候，没有任何思想准备。如果学会从宏观视角观察经济和汇率，你就会发现，学会逆向思维、反向操作很重要。

要学会逆向思维，有些东西一旦太热，就可能已经到顶了；有些东西一旦太冷，就可能已到达谷底了。你要做出正确的判断，敢于行动。所以，能先知先觉你就可以赚到钱，后知后觉你就可能会赔钱。我们通过汇率这个窗口来看宏观经济，汇率反映的问题之多、之大、之全，真的可以算得上宏观中的宏观。

第十九章

宏观经济政策如何出台

在现实生活中，我们每天都会看到各种各样的经济新闻，也会经常听到政府出台了一些政策。但是，有谁知道这些经济信息意味着什么？这些政策会给我们的经济和生活带来什么样的影响？

政府对经济进行宏观调控的主要思路，是要让这个国家的总供给和总需求达到平衡。因此，我们看到，政府不是在增加供给，就是在刺激需求。政府调控经济有三大政策工具：一是财政政策，二是货币政策，三是对外经济政策。当经济太冷时，政府"踩油门"，刺激消费、加大投资、增加出口，让经济回升；当经济太热时，政府"踩刹车"，限制消费、减少投资，把过热的经济压下来。

你一旦了解了政府调控经济的方式，学会了判断经济周期波动的趋势，分析了政府出台的政策，当再面对大量经济信息时，你的思路就会清晰许多；当再面对自己的消费、投资和理财决策时，你的选择就会合理得多。

我们常听说政府对宏观经济进行调控。你一定想知道，政府究竟是怎么对宏观经济进行调控的，政府出台政策的意图是什么。前面我们说过，政府拉动经济增长有三招儿：一是消费，二是投资，三是出口。我们还知道，一国经济要想平衡发展，它的总供给一定要等于总需求。如果不相等，政府不是动左手，就是动右手。政府这两只手究竟是怎么活动的呢？这是本章要告诉大家的内容。

　　政府调控宏观经济有三大政策：一是财政政策，二是货币政策，三是对外经济政策。

　　财政政策，主要表现为财政的收入与支出。财政的收入主要来自税收，政府通过税收的多少来调控经济。财政的支出分成两大块，一块用于经常性支出，一块用于建设性支出，财政支出的多少也是政府调控经济的手段。

货币政策，主要表现为中央银行的作用。这个政策十分重要，你会看到它在我们经济生活中的作用越来越大，也越来越重要。中央银行就是通过提高或降低利率来调控经济的冷与热的。

对外经济政策，主要表现为汇率和关税的作用。我国自1978年改革开放以来，引进外资的数量逐年提高，吸引了大量外商到中国投资办厂。出口的快速增长对中国经济的高速发展起到了非常重要的作用，如今中国已经成为世界制造业的中心。外商直接到中国投资，它们看好中国未来的经济发展前景。

知道了这三个宏观政策后，我们还要知道政府是怎样调控宏观经济的，它的手段都是怎样使用的。

宏观经济既像一架飞在空中的飞机，又像一辆在高速公路上跑着的汽车。如果在路上开车时速太高，100公里、150公里甚至达到200公里，会发生什么？再好的汽车，速度太快了也会发生事故。这时如果急刹车会发生什么？一种情况是翻车；还有一种情况可能是车停住了，但车里的人被甩了出去。我们把这辆车比作一国的宏观经济，当经济发展太快的时候，就像在高速公路上全速飞驰的汽车那样一直向前跑，突然一个急刹车，车毁人亡，我们的经济也是如此。

但是，如果天寒地冻，想开车时发动机打不着火该怎么办？司机就会一遍遍地踩油门，给发动机加温，以便把车发动起来。但也会由于气温太低，车就是启动不起来。

所谓车速太快了，是指宏观经济太热了；所谓车发动不起来了，是指宏观经济太冷了。我们打个比方，政府对宏观经济的调控就像开车一样，当经济太热时，它一定要先收油门，后踩刹车；当经济太冷时，它一定要踩油门。下面让我们通过实例来看政府是怎样"踩刹车"和"踩油门"的。

经济过热时政府是如何"踩刹车"的？

经济太热时，总需求大于总供给，价格上升，商品供不应求，导致通胀率不断攀升，利率也在不断提高。这表明一国经济出现了过热的现象。

1993年，我国的经济增长速度很快，但是通胀率也很高，经济缺少实质性增长，只有价格在增长，人们收入水平的增长已被通胀抵消了。那时，经济奔跑的速度越来越快，我国政府意识到这样下去会出问题。如果不降温，经济就会出现"硬着陆"，就好像飞机放不下起落架，发动机转速降不下来，不得不用机身直接迫降，说不定会机毁人亡。当时，我国政府在宏观上采取各种政策让经济降温，到1996年底，这架飞机平安着陆了。

有人问，政府为什么要让经济增长速度降下来？让飞机在天上一直飞着不好吗？让我们举例说明。

例如，2008年北京举办奥运会，我们是否可以比照发达国家的生活水平,让北京市民每家都买辆小轿车?让那些外国人看看,北京人家家都有车,这样行吗?告诉你,现在不行。

请问,就北京市民目前的收入水平看,他们有钱买车吗?也许有人说:"没关系,全国人民支援一下首都嘛!"这么做可以,但有这么多车吗?"没关系,咱可以自己造!"再问,有这么多钢材吗?"没有可以进口!"请问有这么多外汇吗?就算有,这新增的几百万辆车需要多少汽油?有这么多汽油吗?"没有可以进口!"如果北京市民每家都有了车,那么北京有这么多路吗?"没关系,北京可以修路,修了三环修四环,修了四环修五环,修了五环修六环,可以一直修下去!"请问,政府有这么多钱吗?除了造车修路,它还干不干别的事情了?

这个例子是说,任何一个国家处在某个发展阶段时,它只能干这个阶段应该干的事情。中国不可能和美国今天的生活相比,可美国在一个世纪前的生活水平还不如我们现在。由于经济没有发展到一定阶段,所以一个国家没有那么多资源,它有一个生产可能性边界。当一国经济的发展超过了这个边界的时候,经济就不可能继续向前发展了,这时必须"踩刹车"了。如果不踩刹车,供给不足,需求太旺,就会产生通货膨胀。没有那么多东西,大家都去抢,只能导致价格狂涨,通货膨胀来临。因为国家没有那么多石油,没有那么多钢铁,没有那么多道路,没有那么多资金,更没有那么多外汇。一个国家在某个发展阶段只能做这一阶段能做的事，也许再过若干年后这件事会变得非常简单。随着我国经济的发展，增长速度的提高，国民财富的增多，人均收入水平的提高，我们最终是能够达到目标的。但是，现在速度太快了可不行，政府需要给过热的经济减速。

那么，政府怎样刹车呢？在财政政策上，政府减少支出，增加税收；在货币政策上，提高利率，减少货币供给量，让过热的经济慢慢冷下来。

在1992年的时候，我国经济热得不得了，出现了开发区热、集资热、房地产热、股票热等。例如，当时全国2 000多个县一下子冒出5 000多个开发区。房地产热出现的时候，在广西的北海市，陆地上的土地被炒光了，有人就造一个岛出来在海上接着炒。他们甚至头脑发热地说："未来全世界前十大城市中一定会有北海。"当时，海南的房地产炒得更是热浪翻滚。有人统计了一下，就是再造一个海口市、三亚市的人口，也买不完这么多的楼盘。

经济已经热到了烫手的地步，可是大家没经验，还以为经济本来就该这样，本来就是那么好。到1993年的时候，我国政府发现问题已经太多了，经济快控制不住了，通胀率高达21.7%，银行不良贷款问题、房地产泡沫问题、股市泡沫问题、金融风险问题，所有问题都冒了出来。

第十九章　宏观经济政策如何出台

从 1993 年开始，我国政府开始对经济进行宏观调控，不断地"踩刹车"，一次次提高利率，把货币供给的龙头一点点拧紧，从流通领域中把钱抽走，让大家都别花钱，政府也别花钱。政府增加个人税收，减少人们的消费；增加企业税收，减少企业的利润。那时，政府三令五申限制集团购买力，严管公款消费，停建楼堂馆所。政府采取了一系列严厉措施压缩总需求，使过热的经济冷了下来。

前后 3 年，政府一遍遍地"踩刹车"，当然不是急刹车，才使得疯长的经济落回地面。

经济过冷时政府又是怎样"踩油门"的？

大家知道，到 1996 年底我国经济成功实现"软着陆"。经济增长速度真的是平稳降下来了，通胀率从 21.7% 下降到 6.1%，经济增长率达到了 9.7%。没想到 1997 年东南亚发生了金融危机，1998 年我国又赶上了百年不遇的洪水，我国经济形势急转直下，经济又出现了过冷的现象，陷入低谷。

我们说，当一国经济总供给大于总需求、价格下降、商品供过于求、通货紧缩、利率下降、失业率上升、经济增长速度放缓时，那就意味着经济过冷了。

1998 年以后我国经济就出现了这种状况，这辆车发动不起来了，物价向下、利率向下、失业增多，所有指标都向下。这说明经济太冷了，这时候总供给远远大于总需求，什么东西都过剩，都卖不动，只能是谁卖得便宜谁卖得出去。这时政府怎么做呢？

面对这种萧条的局面，政府怎么办呢？如果让经济继续冷下去，我国的经济就会陷入衰退，那样麻烦就更大了。这时政府的宏观政策是"踩油门"。在财政政策上，政府减税或增加政府支出；在货币政策上，政府降低利率，增加货币供给量，把过冷的经济从谷底拉上来。

从1998年起，我国政府开始采取各种措施，拉动经济增长。政府一遍遍"踩油门"，想办法往经济领域投钱。在货币政策上，一次次降低利率，使我国利率由原来的10%以上降到1%左右，鼓励人们消费、投资。大家不是存钱不花吗？政府就想办法让大家花钱。政府发行国债，借老百姓的钱花，政府去投资，力图把经济拉起来。

我国政府通过发行国债来增加政府的债务收入，然后用发行国债得来的资金去投资，主要是用于基建项目和一些重大企业的技术改造，从而起到拉动经济的作用。政府采取的这种政策叫作积极的财政政策，通过加大政府支出，投资基础设施建设，从而带动相关行业的投资和消费需求，比如水泥、钢铁、机械、建筑、运输等行业都发展起来了。这些基础性行业本身能解决大量就业问题，相关行业的就业也相应增加了。

1998—2003年，我国政府发行了6 000多亿元国债，投入很多基础设施建设，修了路、架了桥、投资了西部十大工程项目等，这些都是政府为经济的发展"踩油门"。

在阐述这些政策的时候，我们常常会用到"乘数效应"这个概念。它说的是，政府投资下去并不是投了1 000亿元就只发展成1 000亿元的经济规模，还会带动相关的投资和配套资金，这就会产生多倍放大的效应。比如路修好了，路边就会有人投资加油站，建饭馆、旅店等。房地产商看好这里的交通，就会投资修建商品房。同样，在这些投资的带动下，消费就会跟上来。每个环节都会涉及经营行为，都会创造价值，都能增加GDP和税收。修好道路后收取的过路费让政府的财政收入增加了，它才有能力归还借的国债。我们可以看到政府实施一项经济政策的过程，还有它的目的、手段和结果。

政府一方面发行国债、加大投资，另一方面还有很多事情要做。比如教育问题、公务员工资问题，这些都是经常性开支，政府不能用国债去支付，因为这些经常性支出将来是没办法还的。所以我们看到，政府的税收随着GDP总量的增加一直在增加，它想办法刺激消费，给国家公务员连续4次涨工资，说明政府在增加开支，实行扩张性财政政策。它在想办法刺激消费，拉动经济。政府还大力推行"假日经济"，让国民在度假时增加消费。

上面说的是政府在财政政策上是如何"踩油门"的。那么在货币政策上政府又是如何"踩油门"的呢？

当经济太冷的时候，中央银行打开货币龙头。当利率从高位降到很低的程度时，这是告诉大家，现在利率已经很低了，可以借钱投资、借钱买房、借钱送孩子上大学了。当人们都觉得借钱合适，都去这样做的时候，这些钱就会重新流入经济领域。当人们愿意投资、愿意消费、愿意生产，觉得有钱可赚的时候，经济就会从谷底回升，就会由冷变暖。

为了达到这个目的，中国人民银行从1998年开始连续降低储蓄存款利率，从10%的高位降到了1%左右，希望把过冷的经济拉起来。到了2002年底，中国经济终于从谷底反弹了。人们愿意投资，因为有钱可赚；人们愿意消费，因为收入增加；人们愿意出口，因为赚外国人的钱相对容易。从2003年开始，我国迎来了经济的高速增长。到2006年，中国吸引外国直接投资达700亿美元，当年外汇储备超过1万亿美元，GDP超过20万亿元人民币，居民储蓄超过16万亿元人民币。股市指数以上海为例，两年多时间从998点上升到了2007年6 000点的水平，全国大部分城市地区房屋价格飞涨。政府又开始对经济"踩刹车"，中国人民银行宣布从2007年11月26日起上调存款准备金率0.5个百分点。从2007年初到2011年初，中央银行连续提高存款准备金率，由7.5%提高到19%，这是为控制经济过热而踩的刹车。

2020—2022年由于三年的新冠疫情，我国经济下滑，经济增长速度放缓。2022—2025年，我国政府就是用踩油门的方式拉动经济增长，刺激消费，加大投资，增加出口，稳住楼市和股市，避免人民币过度贬值。所有做法都指向了一个目标，就是要提振信心，把经济从谷底拉出来。

美国和日本政府也经历了从刺激经济回升"踩油门"到控制经济"踩刹车"的过程。

世界各国政府在拉动经济增长时，都在"踩油门"。美国在拉动经济增长，日本也在拉动，因为它们的经济都出现了问题。

美国自2001年发生"9·11"恐怖袭击事件以后，经济开始走下坡路。美联储先后连续降息13次，利率从6.5%降到1%，创40年新低，其目的就是把经济从衰退中拉起来。

当美国经济不景气时，美国政府在做什么呢？它为了刺激经济回升，采取扩张性财政政策。一方面美国政府拟订了一个庞大的减税计划，计划每个人一年减税1 000多美元。一旦减税计划实行，美国的国民和企业手上的钱就相对多一点儿，消费就多一点儿，加上刺激地方消费等措施，政府希望这样可以使经济复苏。我们看到，美国政府面对过冷的经济所采取的政策也是不停地"踩油门"。

日本经济同样如此。它的银行利率已经接近零，可日本经济就是起不来。自从1989年股市泡沫破灭之后，日本经济一直在低谷徘徊。日本政要一直在商量怎么才能让日本经济从谷底爬出来。日本政府踩了十几次"油门"，内阁也换了好几届，但经济就是不见起色。

日本经济泡沫破灭，很多人和很多企业找银行借的钱还不上了，银行坏账堆积如山。日本政府怎么办？它动用了财政政策的各种手段，又动用货币政策的手段，一个劲地降低利率，直至利率近乎零，经济依然起不来。

日本中央银行采取宽松的货币政策，下调利率到如此低的程度，就是希望银行把钱贷出去，增加投资。但不管利率降到多低，企业就是不肯借钱；不管利息收入降到多低，储户照样存钱。这时，日本的利率杠杆已经失灵，再动利率也没什么用处了，日本国民都不再看央行的利率指标行事了。经济如此低迷，当然没有人愿意投资，也没有人愿意增加消费。

当利率杠杆失灵的时候，即使是发达的市场经济国家，也只能动用财政政策来调整经济，扩大政府的支出，希望以此刺激经济的回升。但是，政府也不能无限制地发行国债，这会引发债务危机。所以，日本政府希望加大出口，在对外经济贸易上下功夫。日本政府最想让日元贬值，希望借此刺激出口。日本政府近年来力图拉动经济回升所做的种种努力已开始有回报，日本经济正在慢慢复苏。

那么政府可以改变经济的周期性波动吗？

大家知道，一国经济是有周期性波动的，经济也不是由人的主观意志决定的。美国有那么多得过诺贝尔经济学奖的专家学者，联邦政府有如此多的高参智囊，美国依然不能改变经济发展周期的规律，它的经济也有掉头向下的时候，例如，2008年的金融海啸。

所谓经济周期是说，经济有一个波峰，也有一个波谷。什么叫波峰和波谷呢？就是经济有高速发展的阶段，也有陷入衰退的阶段，从经济波峰到波谷再到波峰的过程就是一个经济周期。

美国经济在20世纪90年代克林顿执政时期，走过一个很长的增长周期，经历了8年的高速增长。当时的失业率低，通胀率低，经济增长率高。但是，进入21世纪后，这一棒传到了小布什政府手里，美国经济出现了很多问题。"9·11"恐怖袭击事件的发生，大公司会计造假丑闻的曝光导致人们对所有大公司都不相信了，美国出现了公司信用危机。美国经济出现衰退，经济从高峰跌入低谷。当美国总统奥巴马上台后，美国经济依然没有起色。

这些难道是偶然因素所致？绝对不是！

美国经济在高速增长的过程中，掩盖了很多泡沫成分。美国为了维持对全球资本的吸引力，不少全球著名的公司公然违背诚信，造假账欺骗投资者，使自己公司的股价一直向上升，吹出大量的泡沫。当人们不再信任大公司的经营业绩、不再相信股市的时候，那就必然表现为股市下挫、美元贬值、汇率下跌、企业不景气，整体经济出现了下降的趋势。

经济学一个最基本的原理是,"世界上没有免费的午餐"。美国经历了8年的经济高速增长,这个过程掩盖了相当一部分泡沫,它也过度透支了整个经济。就像我们说股市一样,股市有了泡沫也必然是过度透支的表现。本来企业的效益没那么好,却把股票价格炒得热浪翻滚,必定有泡沫裹在里边。股市的泡沫终会被刺破。当泡沫破灭的时候,谁来承受这个损失?也就是说,谁来为它买单?当然是美国股市的投资者。美国经济也如此,如果经济在高速发展的过程中埋下了很多泡沫,一有风吹草动,经济就会减速,企业的日子就难过,失业就要增加,人民生活水平就会下降,经济就会陷入衰退。那么,谁来承受经济下降带来的损失?谁来为美国的经济买单呢?

到2005年,美国经济走出谷底,开始加速,出现向上的趋势。经济回升,股市回升,消费者信心指数也在回升,这时美国政府又担心经济过热产生通货膨胀,开始"踩刹车",将利率从1%提高到5.25%,通过17次加息来抑制过热的经济。但到了2008年美国爆发金融海啸后,美国中央银行又通过数次减息,到了0.25%的地步,目的是想把美国经济从谷底拉出来。

日本在20世纪80年代也过度透支了经济,形成股市和楼市的大泡沫,20年后,日本经济还没有恢复。有人说像日本那么发达的国家,有那么多经济高手,政府怎么就不能把经济拉起来?其实,当一个国家的经济被过度透支后,人们对经济的信心便会一直下降。政府先是用货币政策,用得差不多时再用财政政策,用得差不多了就在对外经济贸易政策上下功夫,在汇率上动脑筋。当这些招数都用得差不多了,就像今天的日本一样,它会面临一个艰难的选择。政府要选择采取通货膨胀的方式来治理经济,就是人为地让日元贬值,让日本人手中的货币越来越不值钱,以强制人们花钱。走到这一步,政府很无奈,经济也很危险。通过政府可能采取的这些措施,我们可以看出政府在处理经济问题时使的都是什么招数。

欧洲也是如此,20世纪60—70年代经历了经济高速发展时期,当80年代末到90年代初德国统一之后,欧洲经济开始进入停滞期。所以说,经济是有周期的,这并不是政府没有对宏观经济进行调控所致。这些国家的政府从来没有停止过对经济的调控,它们一直在使用财政政策和货币政策,希望经济能够从低谷中走出来,希望能够拉动经济增长。但是,政府不是万能的,政府的所有政策也不是都能奏效的。面对经济周期,政府有时也会变得很无助。

政府在调控宏观经济的时候,在"踩油门""踩刹车"的时候,一定要符合经济发展的规律,一定要恰当地运用政策工具,还要正确判断经济发展的大势。要顺势而为,不能逆势而动,否则政府的干预将适得其反。这也是我国政府在对宏观经济进行调控时需要借鉴的,我们要学会怎样"踩刹车"和"踩油门"。

第二十章

懂宏观，多机遇，少风险

宏观经济就像天气一样，它不以个人的意志为转移，你只能学会分析、判断和适应它。

学习宏观经济，我们要了解经济增长率、通胀率、失业率、税率、利率、汇率，了解实业经济，了解资本市场等一系列问题。要懂得经济是有周期波动的，一国经济是有生产可能性边界的，什么东西热过了都会回头。大家都去追求一种东西时，其价格肯定上涨。

但是，所有的东西热到一定程度时，你就要警惕了，该问自己是否接到了最后一棒。如果有迹象表明经济要从高峰跌下来，你是否应该有所行动了？无论是做股市、做楼市还是搞实业，每个人都该使自己的资产规避风险。

所以，学宏观经济知识，最重要的是训练一种能力，当看到一个指标、一组数据发生变化的时候，你能够想到数据背后的联系，它们反映了什么？它们告诉了你什么？它们给了你什么启示？你如果能懂点儿宏观知识，就可以抓住机遇，规避风险。

我们说宏观经济是客观存在的。就像有些人会问："现在美国经济和日本经济都有那么多问题，为什么就没有人给它们出高招儿呢？大家知道，宏观经济是客观存在的，它不以个人的意志为转移。宏观经济背后是有规律的，我们要学会分析、判断和适应它。

例如，美国联邦储备委员会前主席格林斯潘，作为美国中央银行行长，他能决定利率的升与降，通过利率变化来改善经济的状况，但是他不能左右美国经济的走势，现任美联储主席鲍威尔同样如此。

所以，不管是美国、日本还是其他各国政府，它们都无法左右一国宏观经济的走势。如果说我国政府可以左右经济走势，那么股市为什么这几年一直低迷？政府不想让楼市跌，出台了各种招数，可楼市价格为什么还要跌呢？像失业问题、社保问题、金融问题,以及2025年美国发起的贸易战、关税战,这些都摆在我国政府面前。是我国政府不能干吗?还是我国政府没有雄心壮志?都不是。这只是说明宏观经济是客观存在的,它不以个人的意志为转移,无论你是什么人,你都只能顺应大势,不能左右大势。如果逆势而动,必定以失败告终。

宏观经济就像天气一样,你不能决定它的冷热。当天气冷的时候,你只能多穿件衣服;当下雨的时候,你只能带上雨伞。比如物价指数很低时你就在想,为什么我们企业生产出来的东西卖不出呢?对不起,物价指数就这么低了,因为这时的总供给已经超过了总需求。你就别生产了,否则只能降价卖。

要认识到宏观经济是客观存在的,作为个人,你要学会面对现实做出自己的选择、分析和判断。

如果不懂得宏观经济就去蛮干,代价是巨大的。看看这几年的经济形势,有多少大企业倒下了?有多少百亿富豪资产缩水了?这样的例子比比皆是。因为不懂宏观经济,他们在股市最热的时候入市,在楼价最高的时候接盘,当金融风暴来临、股市泡沫破裂时难以脱身。如果有一点儿宏观经济常识,懂一些经济指标,看到经济过热的时候及时抽身而退,他们就可以保存自己的实力,不至于输得那么惨。

作为一名企业家,只要能赶上一轮经济增长的上升期,抓住一个机会就够了;作为一届政府,只要赶上一轮向上的经济周期，就能使一国经济快速发展。我国未来还有很长的路要走。如果你懂得宏观经济知识，当看到股价涨过头、房价涨过头、物价指数涨过头时，你就知道经济太热了，就别再大干快上了，应该马上收手。这样你就不会在经济衰退来临时，让自己辛辛苦苦赚来的钱付诸东流了。

所以，我们每个人都要学会判断机会。这种判断源于你学到的知识，你还要把你的知识变成一种能力，变成你自己的判断，这样你才能在宏观经济的大风大浪中、在经济的周期波动中走得更远。

同时，我们要有强烈的危机意识。今天中国正处在一个大变革的时代。在市场经济的竞争中，我们需要高水平的人才。我们如果不能更新自己的知识，不能提高自己的能力，随时都可能丢掉饭碗。

你不变，世界在变；你不变，中国在变；你不变，你周围的环境在变；你不变，旁边的人都在变。所以，你得改变，如果今天你不变，明天你就有麻烦了。每个人都应该有危机感，因为无论任何人，在生活中都不可能一帆风顺。如果找不着工作你就会抱怨，为什么我读了大学后找不到工作呢？我为公司做了那么多贡献，为什么现在让我下岗呢？我把钱投入股市，为什么赔了呢？如果你总是这样抱怨，你肯定不会有前途。因为这些都是客观存在的，不以你的意志为转移。你唯一能做的就是寻找新的机会，学习新知识、新技能，做好自我转型，这样你才能适应社会的转型。

"世界上没有免费的午餐"，做任何事都是有机会成本的。如果你能坚持读完这本书，你也付出了机会成本，它可能占了你赚钱的时间，可能耽误了你休闲的时间。但是，当你确立一个信念，获得一门知识的时候，你今天丢掉的东西，明天会给你带来多倍的回报。所以，区别只在于如何选择，让你付出的成本最小、获得的收益最大。

当我们每个人都认识到学习的重要性、知识的重要性和宏观经济对大家的重要性，当我们对我们这个国家、宏观政策、这只"看得见的手"和那只"看不见的手"都有所了解时，我们才会清醒地把握自己，去寻找机会。变化是必然的，对我们来讲，唯一要做的就是主动适应这种变化。被改变的只能是你自己，要把你的知识变成一种能力，把你的经历变成一种财富，这需要你自己的努力。能否把宏观经济知识学到手，把它变成你的一种能力，这需要你自己去实践。当你再看经济新闻时，你可以有自己的独到见解，而不必人云亦云。

一个国家最稀缺的是人才，一个人最稀缺的是时间。现代社会的观念应该是，"我们的时间比金钱更值钱"。当今国与国之间是实力的竞争，人与人之间是能力的竞争，我们每个人就看谁能跟时间赛跑，谁能在有限的时间内做出更大的成就。

经济学理论这样教导我们：这个世界上的资源是稀缺的，时间是有限的，选择是有代价的。学会放弃一些眼前的、局部的利益，去选择机会、选择未来。

宏观经济学是一门博大精深的学问，动态性极强，有太多内容需要掌握，有太多实践还在不断的发展中。本书只是为你推开了一扇窗，告诉你窗外风景独好，至于你能看到什么，要靠你自己的领悟和努力。希望这扇窗能引起你学习宏观经济理论的热忱，让你去领略无限风光。你如果能多懂得一点儿宏观知识，就会多一点儿机遇，少一点儿风险。

当你合上本书时，请问，你面前那扇窗是否已经豁然洞开？

第一版后记

《推开宏观之窗》成稿，如释重负。不知是为自己多年的夙愿有了初步的交代而欣慰，还是为书稿完成在中国经济即将腾飞时而激动。

把一个电视节目的录音稿件整理成书，本以为轻而易举，没想到竟用去5个多月的时间。其中的自我挑战之多，绝不亚于录制电视节目时遇到的困难。就连一个序言，区区千字文，竟然也让我苦思冥想了许久都写不出来。

这才知写书的艰辛，才知教书的不易，才知读书的重要，才知世界上做成任何一件事情都不容易。但是，只要坚持就一定可以达到目标。

我深知，书稿仍然存在缺陷。它还难以完整再现课堂互动教学的精彩，也难以跟随课堂每天最新的信息更新，其中部分资料还不够翔实。但是，丑媳妇总要见公婆，我只能捧着这部书稿，怀着忐忑不安的心情，让它与大家见面了。

应该说我最热爱的，是我教过的那数千名MBA和总裁班的学员。是他们的激情、他们的求知欲、他们的聪明才智、他们的苛刻挑剔让我不敢懈怠，让我不断改进教学，让我有了写作的激情。本书脱胎于对他们多年教学的实践，他们是本书最想感谢的人。

电视媒体的力量之大，是我从来不曾想到的。记得一位电视导演这样对我说："电视，是属于老百姓的艺术。"正是24集电视节目《宏观经济》的播出，使得我普及宏观经济教育的梦想向前跨进了一大步。为此，我非常感谢中国教育电视山东台《名家论坛》栏目组的邹群柱、侯纲、王锋、何雨先生，还有韩莉、高晓燕、孙今华女士。感谢电视台的刘振海台长和赵维东副台长为我提供了这个舞台，还有那些辛勤的工作人员。正是所有人的共同努力，才使得无数观众可以坐在家里学到宏观经济知识，分享我多年教学实践的成果。也正是有了在电视讲稿基础上的修改与完善，才有了今天的《推开宏观之窗》。

要特别感谢装帧设计大师吕敬人先生。两年前，他首次踏足MBA领域，为我设计了《最后一击——MBA论文选题、写作与答辩》一书的封面与版式，获得了MBA学员广泛的好评。这次听说我要写作经济学系列丛书，他欣然接受，令我非常感动。见到他那新添的白发和忙碌的身影，我心中又多了一分敬意和谢意。大师的手笔使经济学理论书籍有了文学色彩的封面，给本书增添了独特的风采。

更要感谢我的助手严雪刚，是他陪我走进演播室，策划了这部书稿。写作的全程是他陪我一起走过的。我们挑灯通宵达旦、不眠不休，只是为了对读者有个交代。还要感谢他的妻子季成的理解，感谢他的父母帮他悉心照料幼儿，让我们能开足马力、全力以赴。

想起女儿，让我在感到骄傲的同时，也有几分愧疚。为了写书，我常常忘了她的存在，以至在她回国度假的日子里，我没有一天时间陪她。尽管女儿在国外学业忙碌、艰辛，她仍然不忘关心我的书稿，经常打来越洋电话，与我一起推敲书名，帮我一起选择封面的设计。看我如此执着，有一天她竟然这样对我说："妈，我一定要把你写的书翻译到国外去。"这真令我欣慰，看来女儿已经长大了。

这里，还有一个我一直想感谢的人，是我的先生盛斌。在女儿刚出生的时候，那时家里穷，他就趴在缝纫机上写书。他早年与张维迎合作一本《经济增长的国王》，之后又与冯仑合作中国第一部《中国国情报告》，早在我心中树立了榜样。当年家里的小饭桌上常聚集着冯仑、胡鞍钢、张维迎等一群热血青年，那时的我总是扎着围裙，忙着在厨房里做饭给他们吃，但他们热烈讨论经济学的情形，至今仍历历在目。如今他们已经分别走进了学界、商界、政界，去实践各自理想中的经济学，他们所取得的成就，今天依然是我的榜样。

正是电视节目《宏观经济》的播出，让我与清华 MBA 学生张益勇恢复了联系。这位在经济日报社工作 12 年之久的资深编辑，得知我的《推开宏观之窗》即将完成，表示愿意在《经济日报》上连载本书的内容，随即又将书稿热情地推荐给经济日报出版社。韩文高总编辑欣然接受了这部书稿，这是对我最大的信任与鼓励。

感谢本书责任编辑钱大川先生，这个早年毕业于北京大学、编辑出版过很多精彩图书的资深编辑看到这部书稿，和我产生了许多共鸣。和他交谈，犹如回到大学读书年代，让我感到了亲切。正是他的理解与相知，才使本书能如此快地问世。他的废寝忘食、他的精益求精，他对书稿如此负责任的态度令我感动！

书稿能否被读者接受，尚待时间的检验。让我没想到的是，一部书稿如今竟然能以图书、报纸连载、电视播放和光盘这四种方式同步在市场推出，与观众和读者朋友见面。

更令我欣慰的是，在后记落笔之际，电视台编导打电话告知，中共中央为促进经济发展，全面提升党员干部素质，正在数个经济大省进行远程教育的试点，这 24 集《宏观经济》电视节目已经荣幸地入选培训教材系列。我深感荣幸，我只有一个心愿，让宏观经济的普及教育在中国传播得越来越宽、越来越远。

韩秀云

2003年5月26日于中央党校家中